وكاد يزعزع الجبال الشم وأنشد

ما الحج سيرك تأويبا وإدلاجا ولا اعتيامك أجمالا وأحداجا

الحج أن تقصد البيت الحرام على تجريدك الحج لا تبغي به حاجا

وتمتطي كاهل الإنصاف متخذا ردع الهوى هاديا والحق منهاجا

監修者——佐藤次高／木村靖二／岸本美緒

［カバー表写真］
黄金を手にしたマンサー・ムーサー王とキャラバン隊
（アブラハム・クレスケス『カタロニア地図』、1375年）

［カバー裏写真］
現代のサハラ・キャラバン

［扉写真］
トランペットと太鼓で無事の到着を祝福するキャラバン隊
（メッカ巡礼団）

私市正年

Kisaichi Masatoshi

サハラが結ぶ南北交流

世界史リブレット 60

目次

サハラの南と北

エジプトの国王陛下へ。わがいとこ、イドリース・ブン・ムハンマドを使者として、心ばかりの贈物とともに、本状をお届けいたします。アラブ人たちはわれわれボルヌの土地を今日にいたるまで侵略しつづけております。彼らはわれわれの自由な民を、われわれのムスリムの一族を、たとえ女や子ども、さらに弱者であろうとも、とらえ、抵抗する者は殺し、捕虜の一部は私用に使い、残りをエジプトやシリアやそのほかの商人たちに売りわたしております。……どうかあなたの国の全土に、あなたのすべての軍長官たちに、大臣たちに、裁判官たちに、市場監督官たちに、捕虜とされた人びとを調べるようご命令をお出しください。彼らが「私たちは自由民のムスリムである」といったら、それを信じてください。真実が明らかになったら、彼らを解放し、彼らに自由とイスラームを与えてください。……そしてどうかこのような悪事を働く略奪者のアラブ人たちを処罰されるようお願い申し上げます。

力ずくで黒人たちをとらえ、抵抗する者は殺害するアラブ人(ジュザーム族)、その暴虐ぶりを訴える黒人王の悲痛な叫び。まさに「人狩」の非道さを訴えているのである。これは、マムルーク朝▲期の歴史家カルカシャンディー▲が伝える貴重な史料で、一三九一／二年、チャド湖周辺を支配するボルヌ帝国▲の王アブー・アムル・ウスマーンから、マムルーク朝スルタン、ザーヒル・バルクークに送られた書簡の一部である。

いうまでもなくサハラ以南の人びとは文字をもたない民であった。したがって、彼らの歴史は他者によって観察され、記述されてきた歴史である。それは、南の黒人社会にたいするイメージ形成に決定的役割をはたしてきた。

サハラの北の住民であるアラブは文字をもち、しかもイスラーム文明の創造者たちである。南の歴史は主に彼らの記述史料によって知ることができる。と

▼**マムルーク朝**(一二五〇〜一五一七年)　エジプト、シリア、ヒジャーズ(アラビア半島西部)を支配した王朝。トルコ系のマムルーク軍人が支配者で首都はカイロ。アイユーブ朝奴隷軍団に支えられた前期をバフリー・マムルーク朝、チェルケス人(中央アジアのカフカース地方の民族)奴隷軍人に支えられた後期をブルジー・マムルーク朝と呼ぶ。

▼**カルカシャンディー**(一三五五〜一四一八)　マムルーク朝期エジプトの学者でマムルーク朝の文書庁に長く勤務し、一四巻からなる官吏養成の書『夜盲の黎明』を著した。本文もこの書からの引用である。

▼**ボルヌ帝国**　九世紀ころにチャド湖の北東に形成されたカネム王国が起源で、同王国は十一世紀ころにイスラームに改宗した。十四世紀にはチャド湖東方の遊牧民との抗争により衰退し、その勢力をチャド湖西方のボルヌ地方に移したのでボルヌ帝国、またはカネム・ボルヌ帝国と呼ばれる。十六世紀のイドリース王の時代が最盛期。

ころが記述内容を読むと、そこには現代にまでつながるさまざまな問題が含まれていることがわかる。「スーダン人〔黒人〕たちは人間よりも動物に近い。彼らはもっぱら物欲に興味をもち、しばしば食人をおこない、ほとんど羞恥心をもたない」（バクリー▲）、あるいは「スーダン人はもっとも堕落した人びとであるが、子どもを産む能力はもっとも優れている人びとである。彼らの生活はまるで動物のようである。彼らは食べ物と女への欲求以外になんの関心も示さない」（イドリーシー▲）といった具合である。

じつはこのような歪んだ見方はアラブの地理書や歴史書の一部だけにみられるのではなく、一般的なものであった。論理的歴史観をもち、世界で最初の社会科学者とも評されるイブン・ハルドゥーン▲でさえ「黒人は一般に軽率で、非常に情緒的であり、メロディーを聞くとすぐに踊りたがる。彼らはどこにおいても愚か者とみなされている」と述べているのである。

この問題の根の深さはこのような思考が近代以降のヨーロッパに引き継がれていることである。

十八世紀啓蒙時代は、近代自然科学の確立とともに理性が支配したはずであ

▼バクリー（？〜一〇九四）　スペインの生まれでコルドバおよびアルメリアに居住。地理書『諸道と諸国の書』はムラービト朝勃興期の西アフリカについてのもっとも重要な史料である。

▼イドリーシー（一一〇〇〜六五）　ノルマン・シチリア王国のアラブ人地理学者。モロッコのセウタに生まれ、コルドバで学び、シチリアのルッジェーロ二世にまねかれ、同地で没した。地理書『世界各地を旅することを望む者の喜び』を執筆した。

▼イブン・ハルドゥーン（一三三二〜一四〇六）　中世イスラーム世界でもっとも偉大な学者。チュニスに生まれ、一三八二年カイロに移住し、同地で没した。『イバル（実例）の書』の序文は「歴史序説」として知られ、人間の社会的連帯意識（アサビーヤ）の強弱によって王朝の交替を理論的に説明した。

イブン・ハルドゥーン像(チュニス)

▼**モンテスキュー**(一六八九〜一七五五)　フランスの啓蒙思想家。主著『法の精神』は諸国の法制度を比較し、三権分立を説いた。

▼**ヴォルテール**(一六九四〜一七七八)フランスの啓蒙思想家。プロイセンやスイスで文筆活動に従事。合理主義の立場から社会の迷信や宗教的非寛容を攻撃したと評価されている。

▼**王立アフリカ会社**　一六七二年、西アフリカにおける交易活動に従事する特許状を与えられたイギリスの会社。本来の業務は、金と象牙の取引をおこなうことであったが、黒人奴隷を西インド諸島に供給する奴隷交易のほうに積極的に関与した。会社は、一七五〇年に再編さ

る。ところが代表的啓蒙思想家のモンテスキュー▲は「極めて英明なる存在である神が、こんなにも真黒な肉体のうちに、魂を、それも善良なる魂を宿らせた、という考えに同調できない。……われわれがこうした連中を人間であると想定するようなことは不可能である」(『法の精神』)と述べ、ヴォルテール▲も黒人たちの円い眼、平たくつぶれた鼻、厚ぼったい唇、縮れ毛などの身体的な特徴の説明とともに、「彼らの知能の程度はほかの人種と驚くほどの差異がある」(『歴史哲学』)と記述している。またこの時代のイギリスのアフリカ貿易を独占した王立アフリカ会社▲の外科医、ジェイムズ・フートソンは一七二二年シエラレオネで見た黒人の印象を「黒人の習慣は同じこの地で仲よく暮している生き物にそっくりである。つまり猿だ」(宮本正興他編『新書アフリカ史』講談社現代新書、二八一頁)といい放っている。近代エジプトの啓蒙思想家タフターウィー(一八〇一〜七三)が、黒人は野蛮だ、文明がない、と語っているのはフランス留学中にえた知識の影響であろう。

今日、サハラ砂漠の北にはアラブ系の人びとが住み、南側には黒人系の人びとが住んでいる。十六世紀ころから北アフリカ・サハラ地域の交易活動は海岸

部に拠点が移り、サハラの内陸地域の交易活動は衰退し始め、十九世紀の交通革命以後、まったく重要性を失った。しかし観察し、記述した「北」による「南」にたいする認識は「負の遺産」として今日まで存続しているのである。

この「負の遺産」を検証するためにはサハラの北と南の関係史を厳密な史料批判を踏まえながら、できるだけ正確に詳細に跡づけなければならない。しかしサハラの南北交流史は、史資料の不正確さと欠落、ヨーロッパ中心主義的視点、誤った情報の一般化などのために正確な理解が容易ではない。例えばアラブ史料に記述された土地の方向や距離は不正確であり、塩金交易にかんする説明はシジルマーサ▲出所の誤った情報にもとづくものであり、またキャラバン隊の組織、ラクダの数や運送の規模なども情報が極めて限られている、といった具合である。

本書は以上のような問題意識から、サハラの内陸交易の大転換期である十六世紀までのアラブ・イスラーム時代における、サハラの北と南の関係史をできるだけ正確に、詳細に理解することを目的としている。そのことがサハラ南北交流にひそむ本質的な問題を理解する鍵となると考えるからである。

れ、一八二一年まで存続した。

▼シジルマーサ　モロッコ南東部のオアシス都市。八世紀半ばに都市が建設されたのち、サハラ交易の北の玄関口として栄えたが、十四世紀後半以降、権力抗争による破壊や遊牧民の略奪にあって衰退し、十九世紀にはほとんど廃墟になった。

シジルマーサ近郊

①―塩金交易の時代

サハラ交易の始まり

今から二〇〇万～一万年前の更新世の時代にはなんども氷河期(乾期)があった。氷河の後退とともに、紀元前八〇〇〇年から紀元前二〇〇〇年ころにかけてアフリカは雨期に恵まれ、サハラの全域がサバンナ植物におおわれ始め、狩猟や牧畜に好適な環境になった。サハラ砂漠の中央、タッシリ・ナジェール地方に広がる岩山には、キリン、象、カモシカ、ワニ、牛などの動物、川を泳ぐ人、狩をする人、牛飼い牧民の姿などがいきいきと描かれている。フランスの先史学者アンリ・ロートの調査により、当時、この地域が豊かな緑におおわれ、狩猟生活がいとなまれていたことが証明された。

サハラ砂漠の各地で発見された岩絵に多数の馬車が描かれていることから、サハラの北と南が交流をもっていたことが知られている。最古の絵には牛車も描かれているが、これは長距離移動には向かなかったであろう。馬がサハラにもたらされたのは紀元前一二〇〇年ころである。伝来経路は紀元前一七〇〇年

サハラを疾駆する馬(チャドのタルカイの岩絵)

ころ、ヒクソス▲によりエジプトに伝わり、数世紀後にサハラにもたらされたという説と、クレタ人からリビア東部に伝わり、クレタ人とリビア人の混血した民によってサハラにもたらされたという説とがある。いずれにしろ馬車の普及とともに長距離移動が可能になった。馬車絵をたどると、地中海リビアのシルト湾からニジェール河畔のガオ近くまでつながり、サハラ南北縦断路がつうじていたことがわかる。

しかしこれらの馬車は戦車であって商品を運ぶものではなく、この時代にサハラの北と南を結ぶ大規模な交易がおこなわれていたわけではなかった。紀元前五世紀のヘロドトス▲の『歴史』に「ガラマンテス族は四頭立て馬車で穴居エチオピア人狩りをする」とあるが、この馬車はサハラの岩絵にある馬車であり、当時フェッザーンに居住していたガラマンテス族は現在のトゥアレグ族▲(遊牧ベルベル)の祖先であると考えられている。

馬車の時代にはローマとカルタゴ▲が地中海の覇権を争っていた。両都市の市場では黒人奴隷や金や象牙が売買されていたが、これらをサハラの南から運ばれたとする証拠はない。黒人も、金鉱も、象も北アフリカ周辺で見つけ出すこ

▼ヒクソス　セム系民族を主体とした遊牧民で前一七〇〇年ころエジプトに侵入し征服、前一五八〇年追放された。

▼ヘロドトス(前四八五頃〜前四二五頃)　ギリシアの歴史家で「歴史の父」と呼ばれる。著作『歴史』は説話や自らの見聞を織り込んだ物語風のペルシア戦争史である。

▼トゥアレグ族　サハラ一帯に住む遊牧ベルベル人。ヴェールで顔をおおう独特の身なりをしている。

▼カルタゴ　紀元前九世紀にレバノン海岸のティルスの人びとがチュニジアに建国したフェニキア植民市。前二六四〜前一四六年までローマと地中海の覇権を争って戦った(ポエニ戦争)が、敗れる。

▼ヘラクレスの柱　古代ギリシア神話で英雄ヘラクレスが今のジブラルタルにいたり、ヨーロッパ側とアフリカ側の両岸に巨大な二本の柱を建てたとされる。

古代馬車道地図

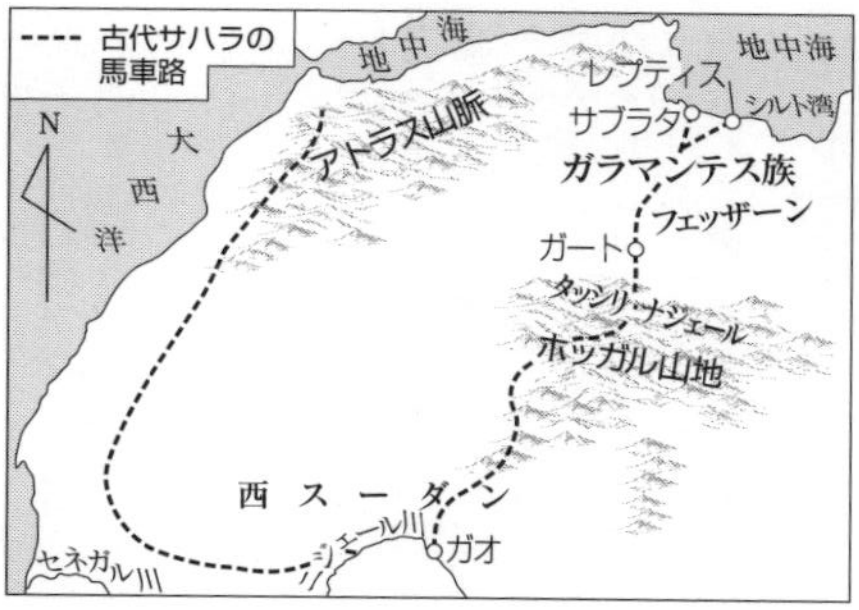

▼アテナイオス　紀元二〇〇年ころ活躍したギリシア系学者でエジプトに生まれ、のちにローマで暮した。大宴会での識者たちの会話の記録『宴席の智者』を執筆した。

とは可能だったからである。

カルタゴ人は、〔ヘラクレスの柱〕▲以遠の地にあるリビア人の国に着いて積荷をおろすと、これを波打ち際に並べて船に帰り、狼煙(のろし)をあげる。土地の住民は煙を見ると海岸へきて、商品の代金として黄金をおき、それから商品の並べてある場所から遠くへさがる。するとカルタゴ人は下船してそれを調べ、黄金の額が商品の価値に釣り合うとみれば、黄金をとって立ち去る。釣り合わぬときには、ふたたび乗船して待機していると、住民が寄ってきて黄金を追加し、カルタゴ人が納得するまでこういうことを続ける。

というヘロドトスの記述は、当時の沈黙貿易にかんする貴重な史料であるが、おそらくモロッコの大西洋岸での交易のようすであり、サハラの南北交易を示すものではない。マゴンというカルタゴ人の「旅行中は一滴も水を飲まず、もっぱら乾した食べ物を食べ、砂漠を三度横断した」(アテナイオス)▲という記録も、その内容からどこまで行ったのかは不明である。

紀元前二〇〇〇年ころから、サハラは徐々に乾燥し始めた。それとともに牛飼い民、狩猟民、農耕民たちは各地方に移住し始めた。北アフリカの碑銘に最初にラクダがでてくるのは紀元前一五〇年で、このころにおそらくエジプト方面から、ラクダがもたらされたと考えられる。サハラには野生のラクダもいたようであるが、長距離キャラバン用のラクダの普及は北アフリカより少し遅れて紀元前後であった。ラクダは紀元三世紀ころにはサハラ地域に急速に普及したが、それはサハラの乾燥化が馬にかわってラクダを必要としたからである。サハラの岩絵にラクダがたくさん描かれるのはこのことを反映している。

サハラにラクダが普及してから、従来のサハラ南北交通路は交易活動でもさかんに利用されるようになった。その意味では、サハラ交易はサハラの砂漠化とラクダの普及とによって誕生したといえよう。

二つのルート

西アフリカにラクダが持ち込まれると、サハラ北部の岩塩とサハラ南部の金とを交換するキャラバン交易は急速に促進された。この交易で利益をえたのは中間地帯に住むベルベル系遊牧民のサンハージャ族▲や黒人農耕民であった。四世紀ころ、クンビ・サーリフ(ガーナ)という町を首都に、サハラに最初の大国

ひとこぶラクダとトゥアレグ族

▼サンハージャ族　ベルベル系民族の三方言群(マスムーダ、サンハージャ、ザナータ)の一つ。ムラービト朝を建国したベルベル集団はサンハージャ系に分類される。

家ガーナ王国▲が誕生するが、それは明らかにサハラ西部を舞台にした南北交易の発展によるものである。サハラの金についての情報はアラブ世界に早くから伝わったようで、八世紀末に執筆されたファザーリー▲の地理書(もっとも古いアラブ地理書の一つ)にはすでに「ガーナ王国は黄金の国である」と記述されている。ガーナ王国はベルベル人によって建国されたが、七世紀ころには王家は臣下の黒人にとってかわられたようである(ファッターシュ史)。

内陸アフリカから北アフリカの地中海にまで達するサハラ交易が定期的になるのは十世紀ころである。またエジプトのオアシス地域―チュニジア南部―ニジェール川流域という北東から南西方向ルートのほうがさきに開け、モロッコ地方から西アフリカ内陸部につうじる南北交易の発展は遅れた。しかし、後者の交易路の定期的開通はサハラ地域全体の経済活動のバランスに深い影響を与えた。

交通路は自然条件以外に、宗教的要因によっても左右された。じつはサハラの交易活動の開拓者はハワーリジュ派▲教徒たちであった。七世紀後半、マグリブ地方がアラブに征服されたあとも、先住民ベルベル人は砂漠や辺境に小政権

▼ガーナ王国 サハラ砂漠の南縁(ニジェール川とセネガル川の北の地)に、クンビ・サーリフ(ガーナ)を首都に四世紀ころにベルベル人によって建国された国家。のちに黒人の王にかわった。塩金交易の仲介で栄えたが、一〇七六／七年にムラービト朝に征服された。一〇八七／八年にふたたび独立したが、往時の勢いはなかった。

▼ファザーリー アッバース朝第七代カリフ、マームーンの治世(八一三〜八三三年)に活躍した地理学者。

▼ハワーリジュ派 七世紀半ばにアリーとムアーウィヤがカリフ位を争った内乱のなかから出現したイスラーム最初の分派。だれでもカリフになれるとする平等主義と背教者の殺害を認める過激思想が特徴であった。過激なアズラク派はやがて消滅したが、穏健なイバード派はアルジェリアやアラビア半島のオマーンに今日まで存続している。

を築いて頑強に抵抗しつづけたが、スンナ派もシーア派も認めないハワーリジュ派の教義は彼らの抵抗のイデオロギーとして好都合であった。こうして八世紀半ばにモロッコ中西部のバラガワータ族▲、モロッコ南部のシジルマーサのミドラール朝▲、アルジェリアのルスタム朝▲、チュニジア南部のジェリド、ジャバル・ナフーサ地方などにハワーリジュ派の拠点が築かれた。バラガワータ族は農業に基盤をおき、交易活動には関心をいだかなかったが、ほかのハワーリジュ派勢力はサハラ内陸部との交流に積極的に関与したので、サハラ交易が活発になった。まず八世紀末から九世紀にかけて、ワルガラ、タータダマッカを経由してガオにいたるルートが開けた。

この間にシジルマーサに拠ったハワーリジュ派の一集団(スフリ派)がアウリル塩床につうじる南方への道を開拓した。キャラバン隊はアウリルから塩を積み、モーリタニア地方を通ってニジェール河畔に向かった。シジルマーサの商人たちは海岸ルートまたは内陸ルートを使って、サハラ交易に参加した。このルートは黒アフリカ(サハラ以南)が必要とした塩の交易を支配し、ほかのルートよりも圧倒的に優位に立った。

▼バラガワータ族　ベルベル系マスムーダ族に属する一集団。八世紀から十二世紀に大西洋岸のサレからサフィの地域を支配し、シーア派やハワーリジュ派を信奉した。

▼ミドラール朝　七五七/八年ころザナータ系ミクナーサ族が建国。九〇九年からはファーティマ朝の宗主権下にはいっていたが、九七六/七年ザナータ系ハズルーン族によって滅亡。シジルマーサがキャラバン交易の中心地となったのはこの時代からである。新しい支配者ハズルーン族はコルドバの後ウマイヤ朝の宗主権を認めた。

▼ルスタム朝(七七七〜九〇九年)　ハワーリジュ派の一派、イバード派がアルジェリアのターハルトに建てた王朝。サハラ交易により商工業が栄えた。イドリース朝やアグラブ朝と対立したが、後ウマイヤ朝とは友好関係を保った。王朝滅亡後、イバード派教徒はサハラのムザブに逃げ、同地で今日にいたるまで独特の社会を維持している。

こうして九世紀後半から十世紀前半にかけてサハラ交易路には競合する二つの主要ルートが成立した。第一はチュニジア南部から、ワルガラ、タ ーダマッカを経由してガオにいたる道。チュニジアからは、宝石類、銅製品、布地、陶磁器などが運ばれ、サハラ南部の金と交換された。しかしこのルートでの交易は交換価値がバランスを欠き、量も少なく、かつ不安定であった。なぜならサハラ北部は南部がなによりも必要とした塩を供給できなかったからである。したがって、第二のルート、シジルマーサからアウダグスト(タグダウスト)にいたる道がより重要になった。このルートがアウリルの塩を運ぶ交易路と結合していたからである。

塩金交易の確立

アラビア語史料によるかぎりは、北アフリカのイスラーム世界がサハラ南部から求めたのはなによりも金であった。金は宝石としてではなく、商業活動を安定させる良質の金貨を鋳造するために必要とされた。金の需要はすでにイフリーキヤ▲のアグラブ朝▲下で高まり、ファーティマ朝▲下では金の獲得は極めて重

▼**イフリーキヤ**　今日のチュニジアとアルジェリア東部を指す地域名。

▼**アグラブ朝**(八〇〇〜九〇九年)　チュニジア(イフリーキヤ)のカイラワーンに建国されたアラブ王朝。スンナ派でアッバース朝の宗主権を認めた。

▼**ファーティマ朝**(九〇九〜一一七一年)　シーア派の過激派イスマーイール派の王朝でチュニジアのカイラワーンに建国後、九七二年カイロに遷都した。

アグラブ朝(上)**とファーティマ朝**(下)**の金貨**

要な課題になった。

九世紀半ばから十世紀半ばにかけて、サハラの塩交易を支配していたサンハージャの部族同盟が崩壊し、塩交易は商業活動にたけたベルベル系諸族の手にわたった(最終的には十世紀後半シジルマーサのザナータ族▲が支配)。それとともに数世紀にわたってサハラ交易の柱となる塩金交易の土台がつくられた。

チュニジアに建国されたファーティマ朝は貨幣制度▲として金本位制を採用したため、黒アフリカから金の獲得を求めて積極的な政策を展開した。この政策はサハラの塩金交易の確立と発展に大きく貢献した。ワルガラから南下するルートはハワーリジュ派の一派であるイバード派▲教徒が頑強に抵抗していたので、ファーティマ朝はシジルマーサのルートの支配をめざした。ファーティマ朝がサハラ交易を重視したことは、モロッコ地方のどの都市よりもシジルマーサの維持(直接支配は一時的であったが、宗主権を維持しつづけた)にこだわり、さらにここで貨幣を鋳造させたことにもあらわれている。その役割の大きさはアウダグストで発掘された金貨はほとんどがファーティマ朝金貨(ディーナール)であることからも証明される。こうしてシジルマーサ、アウダグスト、ニジェー

▼ザナータ族　サンハージャ、マスムーダとともに三つのベルベル系民族の方言群(部族集団)の一つ。

▼貨幣制度　イスラーム史における貨幣制度はウマイヤ朝第五代カリフ、アブドゥルマリク(在位六八五〜七〇五)の貨幣改革によって築かれ、ディーナール金貨、ディルハム銀貨、ファルス銅貨が発行されるようになった。一般的には金貨と銀貨が法貨で、銅貨は補助貨幣であった。エジプト史ではファーティマ朝期までが金貨の時代、アイユーブ朝とマムルーク朝前期が銀貨の時代、マムルーク朝後期が銅貨の時代に区分される。

▼イバード派　ハワーリジュ派の穏健派。アルジェリアにルスタム朝を建国したほか、リビアやアラビア半島のオマーン、東アフリカのザンジバルなどに広まった。

ル川流域を結ぶ大キャラバン・ルートが開通した。

ファーティマ朝によるサハラ交易への積極的関与、後ウマイヤ朝▲とファーティマ朝によるサハラ西部の交易路の支配をめぐる競争、イバード派によるワルガラからニジェール流域につうじる道を維持しようとする努力、これらの三つがあわさって歴史上はじめて、サハラ越えの恒常的な大規模交易が始まったのである。その運搬には「ひとこぶラクダ」が使われ、主要商品は塩と金であった。

金は、最初はガオに集められたが、九世紀末期にはガーナが金交易の拠点になり、さらにガーナはアウダグストと結びついて塩金交易を支配するようになった。

サハラ西部の塩金交易には二つの道がつうじていた。アウダグストから、北にのぼって現在のモーリタニアの西部を通って、ドラア、シジルマーサに行く道と、アウダグストから南下してガーナに行き、ここからターダマッカ、ワルガラ、ジェリドにつうじる道である。後者のほうが古い道であったが、明らかに前者のほうが栄えるようになった。一方リビアの南フェッザーンからビルマ

▼後ウマイヤ朝（七五六〜一〇三一年）
アッバース家によって倒されたウマイヤ家の一族がスペインに亡命し、コルドバに再建した王朝。

●―九世紀半ば～十一世紀半ばのサハラ

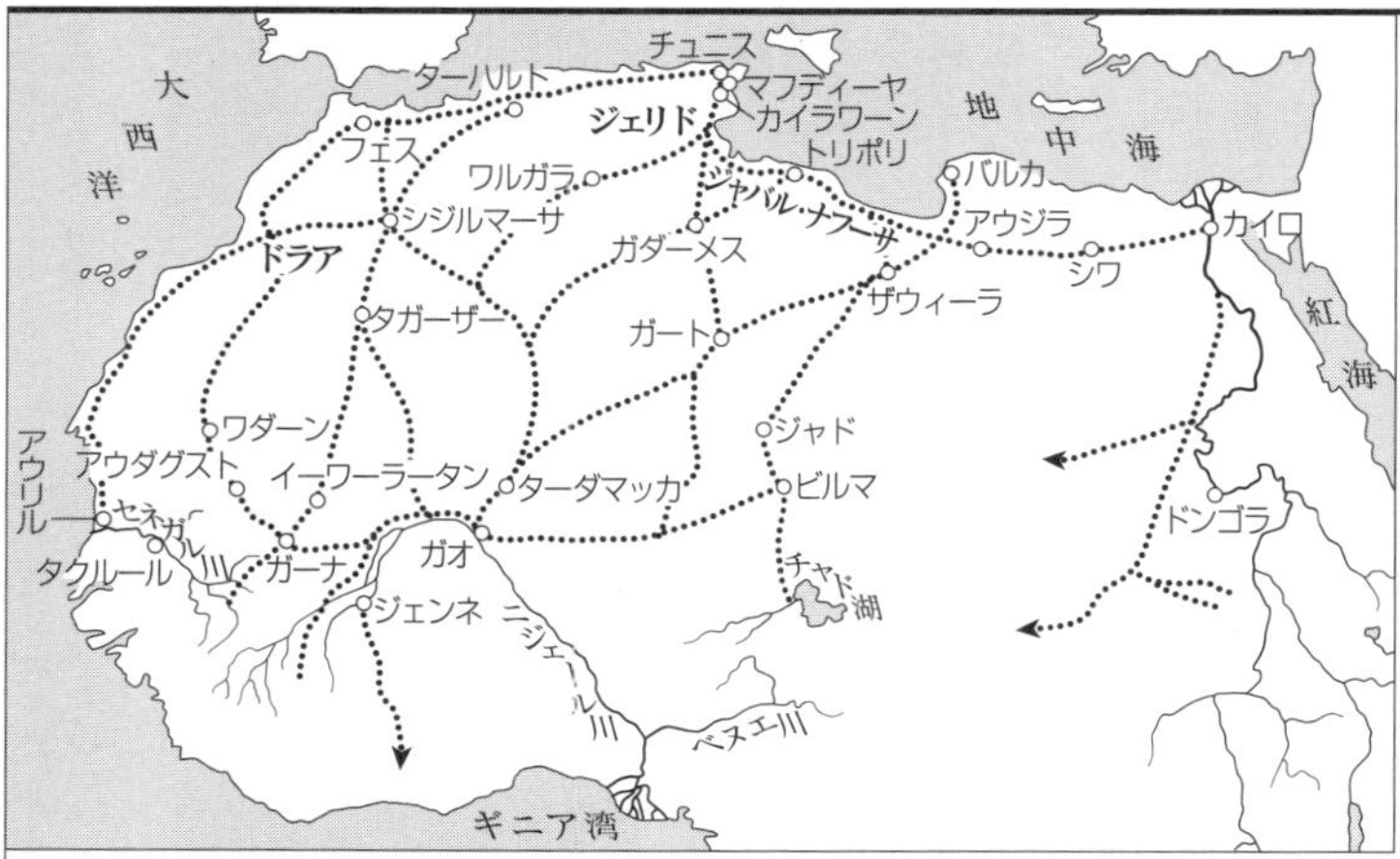

●―ラクダが運ぶ塩板

●―クンビ・サーリフ（モーリタニアの南東部）　かつてはガーナ王国の首都であった。

とチャドにつながる東のルートは九世紀にはすっかりさびれてしまった。

交易の促進要因はなによりもイスラーム諸国が金を必要としたことであった。概して国内に金鉱床が少なかったマグリブ▲のほうがマシュリク▲よりもサハラの金の需要度は高かった。サハラの北からは黒人の国が必要とする商品が運ばれたが、塩が決定的に重要であった。

トリポリからガダーメス、あるいはジェリドからワルガラを通る道は、サハラの西を南北につうじる道に比べて極めて不利であった。塩床がサハラの西に偏っていたからである。十世紀末以降、サハラ西方の南北交易がますます盛んになり、それにともなってイフリーキヤに比べて経済的、政治的、宗教的に遅れをとっていたモロッコ地方が繁栄し始め、またサハラ西方では塩床と塩交易の支配権をめぐる政治的・軍事的対立がしだいに熾烈になった。

交易活動の基本形態

サンハージャ部族同盟の崩壊後、最終的に塩金交易を支配したのは、モロッコのベルベル系ザナータ族であった。彼らはコルドバの後ウマイヤ朝の宗主権

▼マグリブ　マグリブとは西方を意味するが、歴史的・地理的概念としてはチュニジア、アルジェリア、モロッコの西方アラブ地域を指す。これにリビアとモーリタニアを含めるときもある。

▼マシュリク　マシュリクとは東方を意味するが、歴史的・地理的概念としてはエジプト以東のアラブ地域を指す。

▼ザナータ族の外交政策　服属の意をあらわすために、ザナータ族君主は後ウマイヤ朝支配者マンスールに九九一／二年、オオカモシカでつくられた一〇〇〇丁の盾、キリン、オオカモシカ、そのほかのアフリカの野獣を贈物として送った（イブン・アビー・ザルウ）。

▼キャラバン隊への課税　イブン・ハウカルによれば、シジルマーサのミドラール朝君主ムウタッズ（在位九二一～九三三／四）は、キャラバン隊にたいし入・出市税を、外来の商人たちがシジルマーサでラクダ、羊、牛、そのほかの商品などを売買した場合には、その売買にたいし税

を認めることで外交的安定をはかりつつ、シジルマーサとアウダグストを抑え、キャラバン隊から税を徴収して利益をあげた。十一世紀初めに確立したサハラ交易の活動形態は基本的には十三世紀まで変わらなかった。交易形態は塩と金以外の多様な交易品を加えてつぎのようになっていた。サハラの北からは岩塩、馬、装飾品(宝貝、セウタの珊瑚など)、スペインのアルメリア産の大理石、アンダルスやマグリブで織られた衣類・布地、ヘンナの種、乾果、パンの原料となる穀物、釉薬をかけた陶磁器などが、サハラの南からは金、黒人奴隷、黒檀、ゴム、皮革、象牙、インディゴ、木材などが運ばれた。十四世紀以降になると、南から北への交易品に、コーラの実、ギニア生姜(しょうが)、ココヤシの実なども加えられた。

活動形態は変わらなかったが、交易の拠点とルートを変える重大なできごとが起こっていた。それは一〇三〇～四〇年ころ、タガーザーの塩床が開発されたことであった。キャラバン隊は岩塩の獲得のために遠い旅の危険を冒す必要がなくなり、またサンハージャ族(アウリル塩床の支配者)と交渉する必要がなくなった。この結果、アウリルはさびれ、セネガル地方のローカルな塩床に

を課した。なおガーナでの課税については本文二三～二四頁を参照。

▼ヘンナの種　ヘンナは中東からアフリカで、頭髪の染色や手足に模様絵を描く化粧染料として使われる。その起源は古代エジプト時代まで遡る。魔よけの意味もあった。

▼インディゴ　植物のアイからつくられた青色の染料で、主に衣服を染めるのに用いられた。つくるのに高度の技術を要したので貴重品であった。

▼コーラの実　熱帯アフリカ産のコーラの実はカフェインを含み、薬として使用された。現代では清涼飲料の原料とされている。

▼タガーザー　一〇三〇～四〇年ころに開発された岩塩産地。現在のマリ共和国の最北に位置する。マリ、ガーナ、ソンガイの時代をつうじて最大の塩供給地であったが、十六世紀ころにはほとんど枯渇し、南方に新しく開発されたタウダニにその地位を交替した。

なった。アウダグストの衰退もタガーザーの塩床開発と関係している。キャラバン隊はタガーザーからイーワーラータン（ワラータ）を通ってガーナに向かったからである。塩金交易の拠点として栄えたアウダグストはこののちラクダ飼育の拠点でしかなくなった。

のち（一三五二年）にタガーザーを訪れたイブン・バットゥータ▲は「タガーザーでは人家もモスクも岩塩でつくられていた。塩は岩層をなし、それを切り出し、板のようにして運ばれた。ラクダ一頭が運べる量は、板二枚がやっとであった」と述べている。相当に厚い塩板が切り出されたのであろう。

▼イブン・バットゥータ（一三〇四〜六八／九〈または七七〉）　モロッコ北部のタンジャに生まれ、イスラーム世界のほぼ全域、さらに中国や東ローマをも遍歴した大旅行家。サハラ以南への旅は一三五二年に出発し、マリの宮廷を訪れたあと、一三五四年マリーン朝の首都フェスにもどった。彼の旅行記は、同王朝の王アブー・イナーンの御前で語ったことを、書記が筆記したものである。

②—スペインとつながったサハラ交易

サハラ南北交流史の第一の転換期

ムラービト朝▲は熱狂的宗教運動として台頭してきたため、その破壊性や非寛容性が注目されるが、経済的運動としてみると、秩序と合目性を有し、アフリカおよび地中海地域の交易活動に極めて大きな影響を与えたといえる。しかしその評価は単純ではない。

ムラービト朝の勃興は、塩金交易の拠点都市アウダグストからも、またダルアの牧草地からも排除されたモーリタニアのサンハージャ諸部族の、とくにザナータ系部族に属するシジルマーサの支配者たちにたいする復讐という性格をもっていた。交易路の征服をめざしている点、戦闘をまじえずに征服しようとする努力、シジルマーサの支配者による非合法の税の徴収に反対するプロパガンダの成功などは、彼らの意図がサハラ交易の支配権回復にあったことを示している。そのためイブン・ヤーシーン▲はシジルマーサとアウダグストを征服したが、塩金交易の幹線からはずれたアウダグストは放棄し、シジルマーサと

▼**ムラービト朝**（一〇五六〜一一四七年）　ムラービト朝のイデオローグは、スンナ派のマーリク派法学者集団であった。宗教史的にみて重要な点は、この王朝による宗教・政治運動（一〇四〇年頃の開始）が、東側のセルジューク朝と連動して、西アジア、北アフリカ世界におけるシーア派勢力（ファーティマ朝とブワイフ朝）の打倒とスンナ派による統一を意図して推進されたことである。

▼**イブン・ヤーシーン**（?〜一〇五八／九）　ムラービト運動の宗教指導者。彼の権威下に軍事的征服と国家建設がおこなわれた。

ガーナを抑えることにこだわったのであり、またモロッコのスース地方やアグマートなどでは交易活動の維持を考慮して、武力征服ではなく、辛抱強く降伏を勧めているのである。

ムラービト朝の西アフリカ進出はサハラ交易にどのような影響を与えたのだろうか。アブー・バクル▲に率いられたムラービト朝軍はガーナ帝国との一五年にわたる戦いののち、ついに一〇七六／七年首都ガーナ（クンビ・サーリフまたはクンビ・サレ）を陥落させた。ガーナの君主はイスラームに改宗、属領だった周辺の黒人諸国の君主もイスラームに改宗した。そうした君主の一人がのちにマリ帝国▲を建設することになる。

しかし、ガーナはムラービト軍の内紛とアブー・バクルの死を利用して、その一一年後の一〇八七／八年に独立した。独立後のガーナは最盛期を過ぎ、金を独占的に支配できなくなったが、北アフリカとの塩金交易において重要な役割をはたしつづけた。

西サハラのキャラバン交易の繁栄は大量の金をモロッコにもたらし、その結果、遅れていたモロッコ地方の都市化が急速に進展した。モロッコでは、西サ

▼アブー・バクル（在位一〇五六〜八七） ムラービト朝第三代スルタン。モロッコ南部の征服ののち、サハラ地方で反乱が勃発したので、一〇六一年モロッコ統治を部下のユースフにまかせ、サハラに進軍し、ガーナを陥落させた。同地で没。

▼マリ帝国（一二三〇?〜一五九九年） 西アフリカのニジェール川上流、マリ（ニアニ）に建国された黒人王朝。金の生産・流通を支配しただけでなく、銅や織物の生産、塩交易の支配などによって極めて繁栄した。マンサー・ムーサーの名によって後世まで「黄金の国」として伝えられた（四三頁参照）。

ハラの金交易と結びつく前のイドリース朝▲では銀貨と銅貨が基本であったが、ムラービト朝以後の諸王朝は富裕なサハラの金を背景に金貨中心の経済政策を採用した。マリーン朝▲下では役人や兵士の給与は金で支払われ（二二頁表参照）、また高官は金の拍車やベルト（一〇〇〇ミスカール〈五七頁参照〉もの金の量）を身につけていた（ウマリー▲）。同時代のアイユーブ朝およびマムルーク朝のエジプトが銀貨に、そしてさらに銅貨に頼らざるをえなくなったのとは著しい違いがあった。

ムラービト朝の金貨はその質、量ともに地中海周辺諸国のなかで圧倒的にまさり、その評判はすぐにイベリア半島にまで伝わった。十一世紀末、ムラービト朝のアンダルス征服によって、サハラの南北交易ははじめてスペインからセネガルまでつながった。これはサハラ南北交流史における最初の転換期を意味している。スペインのムラービト朝やシチリアに成立したイスラーム政権は黒人王国と直接的交流をもったが、それは極めて短期間かつ小規模であり、もちろんヨーロッパのキリスト教徒商人が黒人王国と直接取引をおこなうまでに拡大はしなかった。

▼イドリース朝（七八九〜九二六年）第四代カリフ、アリーの子孫イドリースがモロッコに亡命し、フェスに建国した王朝。

イドリース朝の銀貨

▼マリーン朝（一二六九〜一四六五年）ザナータ系ベルベルのマリーン族によってフェスに建国された王朝。偉大な旅行家イブン・バットゥータや大学者イブン・ハルドゥーンは一時、この王朝に仕えた。

▼ウマリー（一三〇一〜四九）ダマスクスに生まれ、カイロで長く暮したのち、ダマスクスで没した。マムルーク朝の高官として仕えるかたわら、地誌『諸国総覧』を執筆した。

マリーン朝の役人の給与

大カーディー（裁判官）	金 30 ミスカール*
国家書記官（カーティブ・アッスィッル）	金 60 ミスカール／月**
高級軍人	金 60 ミスカール／月（史料まま）
大部分の軍人	金 30 ミスカール／月（史料まま）
下級軍人	金 6 ミスカール／月（史料まま）

*史料は、一日につき 1 ミスカールと必要なすべての食糧を自給できる程度の小規模の耕作地を与えられたと記述

**史料は、一日につき 2 ミスカールを支給され、さらに二つの所有地を所有していたと記述

史料：ウマリー（14 世紀前半）の『地理書』

ガーナ帝国の繁栄

ガーナ帝国の繁栄は第一に金の独占によっていた。金の主産地はセネガル川上流およびニジェール川上流で、川底の砂あるいは砂漠の砂をすくって採集された。金は植物の根のように成長すると考えられていた。

帝国内で発見される金は、金塊は君主の所有、小さい粒は住民たちの所有とされた。住民たちは金の価値がなくなるほど豊富に金を集めていた。また君主は大きな石のような金塊を所有していた。（バクリー）

そのためガーナの王は金の生産・輸出を厳重に管理していた。バクリーによれば、「市場に金がたくさん出回って、金価格が下落しないように統制していた」のである。これは黒人の王たちが塩の所有者によって塩金交易を支配されないためのシステムであったといえよう。にもかかわらず塩金の交換比率に一定の基準は確立しなかった。金の輸送方法は、粒状・粉状の場合と薄片・塊の場合の二通りがあったようである。

塩や金が貴重であれば、密売業者があらわれるのは当然である。そのようすをウマリーはアブー・アブドゥッラーという者から聞いた話として「中部スー

ダンには塩が不足していた。そこで塩を密かに運び、それを金と交換する者がいた。塩を運んだ者はそれをある場所において立ち去る。すると黒人がやってきてその脇に金をおいて立ち去る。それから商人たちが金をとりにき、つぎに黒人たちが塩をとりにくる」と伝える。

史料は「アブー・バクルとユースフ・ブン・ターシュフィーン▲の領域はスーダンの〔黄金の山の〕地域までおよんでいた」（イブン・アビー・ザルウ▲）と述べるが、ムラービト朝の支配がサハラ地域にどの程度、いつごろまでおよんでいたかは不透明である。しかしこの王朝の実質的な影響力がサハラ地域にまでおよんでいたことは、王朝下で鋳造された大量の良質な金貨や建設された荘厳な都市のなかに示されている。続くムワッヒド朝▲もサハラの金によって繁栄を維持したことは明らかである。

サハラ交易を支配した国にとって、交易に課す税は大きな財源であった。ガーナの王は、国内に運び込まれ、運び出される商品から税を徴収していた。すなわち「塩については二度徴収される。運び込まれるときには、ロバ一頭の積荷につき一ディーナール、運び出されるときには、ロバ一頭の積荷につき二

▼ユースフ・ブン・ターシュフィーン（在位一〇六一～一一〇六）　ムラービト朝第四代スルタン。一〇七〇年ころ首都マラケシュを建設して国家の基礎を確立、八六年から三度にわたってアンダルス（スペイン）に遠征して、これを征服・支配し、王朝に最盛期をもたらした。

▼イブン・アビー・ザルウ（？～一三一五）　マリーン朝期フェスの歴史家。マリーン朝史『文書の花園』を執筆した。

▼ムワッヒド朝（一一三〇～一二六九年）　マスムーダ系ベルベル人がムラービト朝を倒し、マラケシュに建国した王朝。東はリビア東部までのマグリブ全域とアンダルスを支配した。

ディーナールが税として徴収された。銅については、ロバ一頭の積荷につき五ミスカール、そのほかの商品については一〇ミスカールが徴収された」(バクリー)とある。金については言及されていないが、金の輸出入や売買にも課税されていたことはまちがいない。

スペインにもたらされた金

　ムラービド朝がアンダルスを征服し、つぎのムワッヒド朝もアンダルスと北アフリカを支配したので、十一世紀末以降サハラ交易はスペインと結びついた。その恩恵を受けて発展したのが、交易路の北の出口に位置していたモロッコ地方の都市である。首都マラケシュ近郊のアグマート、モロッコ北東部のトレムセン(現在はアルジェリア領)、これまでは孤立していた大西洋岸のサフィー、アンファー、サレなどである。

　イドリーシーは「サレの港はアンダルスのセビーリャやその他の都市から来航する船で賑わう。セビーリャの人びとはオリーブ油をもってきて売り、そのかわりにアンダルスの地にあらゆる食料品を買って帰る。……サフィーはかつ

サレの港と出入りする帆船(十七世紀ヨーロッパ人が描いた絵)　左奥がサレの町。

ては航海の終点であったが、現在ではこの港からさらに南に四日以上も航海がおこなわれる」と述べる。スペインと大西洋岸の結びつきは、陸路ではサハラ以南のアフリカとつながり、海路ではモロッコの最南へと伸びつつあったようすがよくわかる。これは十二世紀ころサレで織られたコートが黒アフリカの国にまで輸出されていたと述べるヤフヤー・ブン・ハルドゥーン▲（『アブド・アル・ワード朝史』）によって裏づけられている。

十二世紀前半にトレムセンの町が突然に発展する。史料には「トレムセンの住民は、フェスとアグマートを別にすれば、マグリブ〔モロッコ〕でもっとも豊かな人びとである。……マグリブに向かう者はこの町をかならず通らなければならないという意味で、トレムセンはマグリブの関門である」（イドリーシー）とある。トレムセンの突然の繁栄はまちがいなくシジルマーサを介して、サハラ交易と結びついたからである。この時代にトレムセンからシジルマーサへの交易路は二つあった。多くのキャラバン隊はフェス経由でシジルマーサに向かい、もう一つのトレムセンから直接に南下する砂漠道は、距離は短かかったが、そちらを利用するキャラバン隊は少なかった。

▼ヤフヤー・ブン・ハルドゥーン（一三三三〜七八／九頃）　大学者イブン・ハルドゥーンの弟。チュニスに生まれ、ハフス朝、マリーン朝、アブド・アル・ワード朝に仕えた。トレムセンで暗殺された。

トレムセンの大モスク　一〇八二年、ムラービト朝期に建設された。

ムラービト朝金貨　シジルマーサで鋳造されたもの。

金貨が結ぶサハラとスペイン

　サハラの南北を結ぶ交流はジブラルタルをこえ、スペインにまで広がった。その推進力になったのが良質のムラービト朝金貨である。

　ムラービト朝金貨の地域分布と年代分布は、サハラの南の金が継続的にスペインに運ばれていたことを物語っている（次頁表参照）。スペインとモロッコの金貨鋳造比をみると、一〇九七／八〜一一〇六／七年までのあいだは、六三対三七、一一〇七／八〜一一一六／七年が五九対四一、一一一七／八〜一一二六／七が五八対四二、一一二七／八〜一一三五／六年が三八対六二、一一三六／七〜一一四五／六年が三〇対七〇となっている。この変化は、ムワッヒド朝の勢力がモロッコ北部を征服（一一三九〜四六年）すると、スペインにおけるムスリムはムラービト朝から離反し、それとともにスペインでのムラービト朝金貨の鋳造が減り、反対にモロッコでの鋳造がふえ始めたことをあらわしている。

　スペインにおける鋳造地が東部（アルメリア、デニア、マラガ、ムルシア、バレンシア）に集中しているのは、十二世紀初めからピサが、十二世紀半ばからジェノヴァが西地中海に活動拠点をおいたので、これらの諸都市での交易活動が活

●——十一世紀の地中海

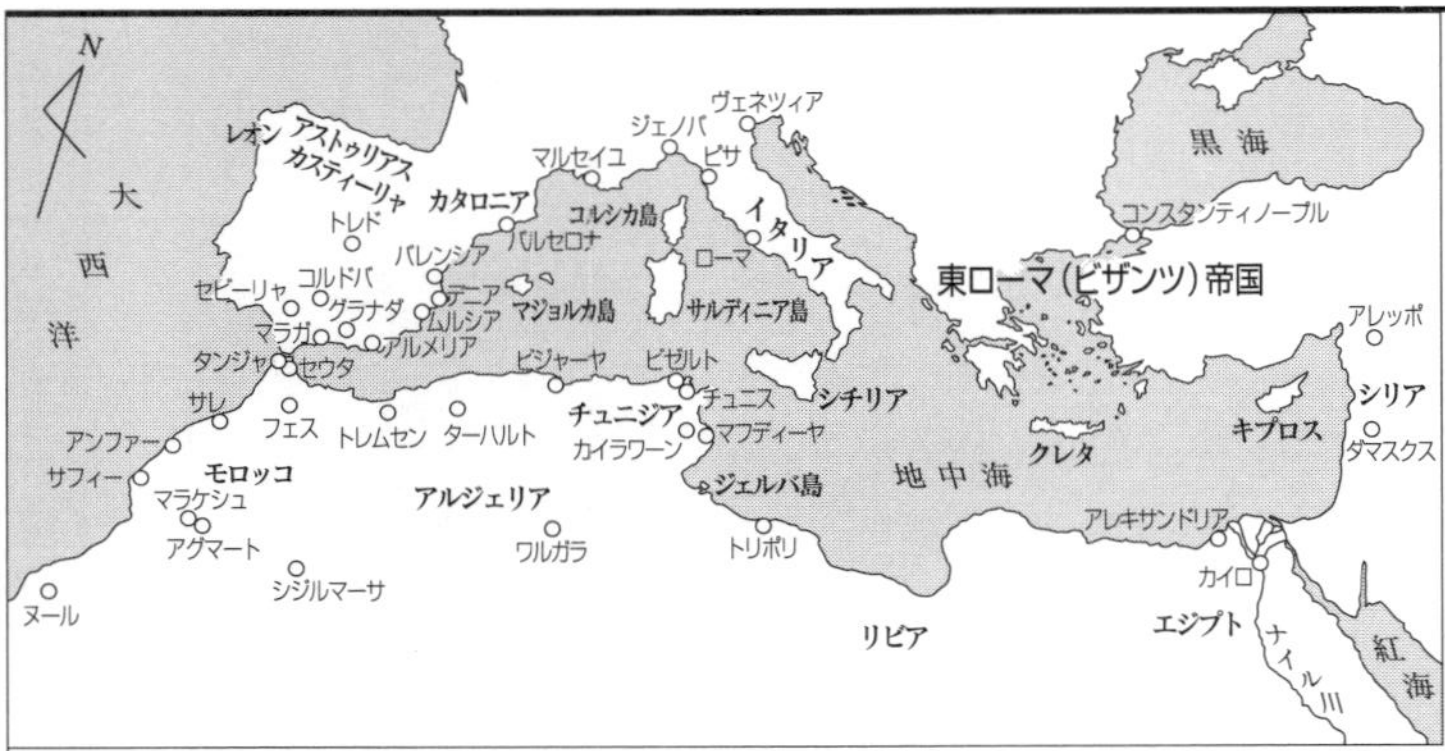

ムラービト朝金貨の地域分布と年代分布

〈スペインでの鋳造地・鋳造年〉

	1056/7–1067/8	1068/9–1077/8	1078/9–1087/8	1088/9–1096/7	1097/8–1106/7	1107/8–1116/7	1117/8–1126/7	1127/8–1135/6	1136/7–1145/6	1146/7–1155/6	合計
アルヘシラス						4					4
アルメリア					8	5	12	13	20		58
コルドバ				2	4	1			1	1	9
デニア					11	2					13
グラナダ					1	5	11	5	2	1	25
マラガ					4	3					7
ムルシア						9	1				10
セビーリャ				1	6	1	8	7	7	1	31
バレンシア					9	5	2				16
その他				1	7		1				9
〈モロッコでの鋳造地・鋳造年〉											
アグマート				6	11	10	5	5	12		49
セウタ				1					1		2
フェス				1	2	4	4	10	15		36
マラケシュ				1	4	1	4	9	12	1	32
ヌール					2	3	5	8	17		35
サレ						1					1
シジルマーサ	11	11	11	9	9	4	4	9	9		77
トレムセン					1	1	2		4		8
その他							1				1
合計	11	11	11	22	79	59	60	66	100	4	423

出典：H.W. Hazard, *The numismatic history of late medieval North Africa,* New York,1952, pp.96–142. 分析対象は，Hazard の執筆当時(1952 年以前)に発見，保存されていたムラービト朝の金貨である。

セビーリャの黄金の塔(トーレ・デル・オロ)　セビーリャはムラービト朝およびムワッヒド朝の事実上の副都としての役割をはたした。この塔はムワッヒド朝により、一二二〇年、町とグアダルキビル川岸の港を防衛するために建設された。

発化(貨幣の必要性が増大)したことを反映している。セビーリャとグラナダにおける貨幣鋳造の多さは両都市がムラービト朝統治下スペインの行政機能の中心地であり、そこに一種の国家鋳造所が存在していたことを示している。

アフリカでは一貫してシジルマーサが鋳造の拠点であった。商業都市として発展したセウタやサレは、ほとんど無視できるほどである。マラケシュとフェスにおける貨幣鋳造の役割は、スペインのセビーリャとグラナダのそれと同様に解釈される。アグマート、シジルマーサ、ヌールの鋳造数の多さは、これらの都市が直接にサハラ交易に結びついていたからである。これらの三都市で鋳造された金貨は、アフリカで鋳造された金貨二四一枚のうち、一六一枚を占めている。この数字は、なによりも金が継続的にサハラの南から流入していたことを示すものである。モロッコ南部ヌールでの鋳造数が一一三六／七年以降、急増するのは、モロッコ北部がムワッヒド朝によって征服されたことを反映するものであろう。

ムラービト朝のサハラ支配は遅くともガーナが独立する一〇八七／八年には終わっていた。しかしサハラ交易が継続していたことは金の流入からも明らかである。その交易に重要な役割をはたしたのは、国家ではなく、アグマート、ヌール、マラケシュ、フェスなどの商人たちであった。彼らが黒人の国にでかけ、たずさえていった商品を売り、金を購入して帰ってきたのである。

サハラ交易がスペインと結びついていた証拠を示す大変興味深い発見が一九六九年にあった。それはモーリタニア南部のティジクジャから八〇キロメートルのアシャリム遺跡から、スペインのマラガ(一枚)とムルシア(三枚)で一一〇七/八~一一一六/七年に鋳造された金貨(四枚)が発掘されたことである。それらは、スペインからモロッコを通ってサハラの北まで運ばれてきたのである。この金貨はサハラ交易の継続とスペインとの結合をなによりも証明するものである。

マラケシュのフナー広場 ムラービト朝とムワッヒド朝の首都になったマラケシュには、サハラ的要素(黒人アフリカ文化)とアンダルス・アラブ的要素(アラブ・ベルベル文化)が混じり合った商業・文化が繁栄した。フナー広場はその名残をとどめている。奥に見えるのはクトゥビーヤ・モスクの尖塔。

東方交易路の衰退

サハラの西における南北交易が繁栄していたとき、チュニジア(イフリーキヤ)の南から南下する東側のルートはさびれてしまった。十一世紀の前半、チュニジアは深刻な経済危機に遭遇する。一〇五〇~五二年のヒラール族とスライム族▲というアラブ遊牧民の侵入は破壊と略奪によって、チュニジアの都市社会に甚大な被害をもたらした。しかしそれだけでチュニジア地域の経済危機を説明するのは正しくない。

十世紀には繁栄していた、ジェリド、ガダーメスを通ってサハラに向かう道は、十一世紀の半ば以前にすでに衰退していた。チュニジア全体をおおう経済危機はこのことと関係しているのである。十一世紀半ばから十二世紀半ばにかけて執筆されたバクリーやイドリーシーの地理書は東側のサハラ交易路についてごくわずかしか言及していない。おそらくアラブ遊牧民の侵入以前に、チュニジア地方は、内陸との交易から地中海の交易に方向転換、つまりビザンツ時代に逆戻りしていたのであろう。

地中海に面した都市、ビジャーヤ（現在はアルジェリア東部）の発展がこうした変化を物語っている。それまでは小さな港町にすぎなかったビジャーヤは、アンダルス、イフリーキヤ、マシュリクを結ぶ地中海の中継地として注目されるようになった。十三世紀のビジャーヤに来住したウラマー（学者）▲の移動パターンをみると、この都市がサハラ交易とはほとんど関係なく、地中海を横に

▼ヒラール族とスライム族　ファーティマ朝が、同王朝から離反したチュニジアのズィール朝にたいする懲罰のためにエジプトから派遣した遊牧民で、破壊と略奪をほしいままにした。反面ではマグリブのアラブ化が進展する契機となった。

ビジャーヤの港

▼ウラマー　イスラーム法学や神学を専門とする学者。十一世紀ころまではスーフィーの神の内面的理解

結ぶ移動と結びついていたことがはっきりとわかる(上図参照)。
　サハラの東側の交易ルートがすたれたこの時代にエジプトのファーティマ朝では、金本位制がとられ、王朝末期まで純度の高い金貨が鋳造されていた。ではどこから金は輸入されていたのか。カイロに遷都したあとも、同王朝には西アフリカから金はとだえることなく供給されていたとする説と、主たる供給地はエジプト国内を含めてアフリカの東部に変わったとする説とに分かれていて結論はでていない。
　また、西サハラからの流入がとまる前に輸入した金がたくさん貯蔵されていた可能性もありうる。なぜならつぎのアイユーブ朝期には金は極端に不足したために銀本位制に移り、さらに金も銀も不足するようになったブルジー・マムルーク朝▲期(一三八二～一五一七年)には、貨幣を、国際決済通貨としての貴金属貨幣と国内通貨としての銅貨に分け、国内では銅貨を基本とした貨幣政策に切り替えざるをえなくなったからである。

を異端として激しく批難したが、スーフィズム(イスラーム神秘主義思想)の社会的浸透を防ぐことはできず、十二世紀ころにはこれを認め、両者は和解した。

ウラマーの移動

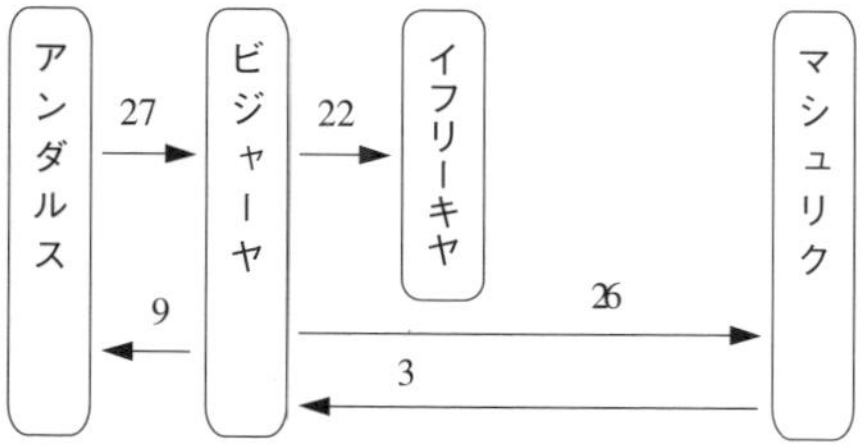

数字は109人のウラマーのうち，移動の確認できた人数を表す
出典：グブリーニー(1304 年没)『人名辞典』

▼ブルジー・マムルーク朝　カフカース出身のチェルケス人マムルークが権力を握ったマムルーク朝の後期。前期(一二五〇～一三八一年)はバフリー・マムルーク朝と呼ばれる。

ムワッヒド朝金貨　四角い縁取りが特徴。

新しい時代への準備

今までみてきたようにムラービト朝時代にサハラ交易は二つの軸によって成立していた。一つは塩交易で、ベルベル系の諸族が支配していた。もう一つは金の交易で、ガーナ王国が九世紀ころに黒人の弱小君主や首長を服属させ金交易を支配した。金交易をめぐってはムラービト朝や黒人諸君主との支配権をめぐる抗争があったにせよ、概してガーナが優位に立っていた。

ムラービト朝のあとのムワッヒド朝はサハラ交易を支配するために、とくに軍事的政策をとることはしなかったが、交易は順調に繁栄した。ムワッヒド朝の宮廷にはつねに金が豊富に存在し、金貨が鋳造され、地中海一帯に流通した。また交易の北の到達点であるフェス、セウタ、トレムセン、フナインなどに繁栄をもたらした。

他方で、こうした順調な繁栄の背後では、新しいサハラ交易の準備が進みつつあった。それは第一にキリスト教ヨーロッパ世界のサハラ交易への参加である。キリスト教スペインの諸国がイスラーム金貨を熱心に求めたので、十二世紀の前半には、黒アフリカとイスラームの外の世界が経済的に結びつくことになった。カスティーリャ王国▲では早くも一一一二年ころにはたくさんのムラービト朝金貨が流通し、スペインの西北辺境のアストゥリアス地方やレオン地方にもこの金貨が流入していた。その影響力は一一七三年鋳造のカスティーリャ王国の金貨が「マラボティ・アルフォンシ（アルフォンス・ムラービト）」と名づけられていたことに如実に示されている。一一五四年にジェノヴァ商人がセウタと通商協定を結んだのをさきがけに、キリスト教ヨーロッパ商人がマグリブの港に進出し始めた。

もう一つは黒アフリカ内の変化で、若いマリ王国が台頭し、ガーナにかわって金交易の主役になりつつあった。マリはムワッヒド朝崩壊後の北アフリカ諸国と外交関係を結んだ。

こうした変化は、十三世紀以降に始まるキリスト教ヨーロッパ世界とサハラの南北のアフリカ世界との活発な経済・文化交流（第二の転換期）の幕開けを準備するものであった。

▼カスティーリャ王国（一〇三五～一四七九年）　スペイン中部から北部のキリスト教国。一〇三五年フェルナンド一世のもとに王国として独立。一二三〇年フェルナンド三世がレオン王国を併合し、イベリア半島最大の版図を誇る。一四七九年女王イサベルのときにアラゴン王国と合体し、スペイン王国が成立した。

③—サハラ交易の繁栄と富豪商家の出現

交易路の安全の確保

サハラ交易の繁栄は二つの要素によって支えられていた。第一は交通路の安全が確保されていること、第二は商人たちの組織が確立していることである。

水のない不毛の砂漠の縦断は旅慣れている商人にとっても困難であり危険であったので、サハラ越えは普通冬にかけておこなわれた(レオ・アフリカヌス▲)。イブン・バットゥータも一三五二年二月十八日シジルマーサを出発してサハラを南下し、翌五三年九月十一日にタカッダーからサハラを北上した。このような困難と危険をともなうサハラ越えの旅は、装備にもたいへん手間がかかった。彼はタカッダーではラクダ二頭と七〇日分の食糧を購入してから出発している。

略奪者からキャラバン隊を守る治安も重要な課題であった。十五世紀末〜十六世紀初め、アブド・アル・ワード朝の王はキャラバン隊の安全のために傭兵を雇い、その費用は交易収入の半分近くに達し、またフェスとシジルマーサのあいだを支配するアラブ遊牧民は通行するキャラバン隊からラクダ一頭につき

▼**レオ・アフリカヌス**　一四八九〜九五年のあいだにグラナダのアラブ系ムスリムの家に生まれ、晩年(一五五〇年以前に)チュニスに移住し、おそらく一五五四年ころ同地で没した。ムスリム名はハサン・ブン・ムハンマド・ワッザーン・アル・ザイヤーティー。家族とともにモロッコのフェスに移住、一五〇九〜一三年にかけてサハラをこえてソンガイ帝国やボルヌ帝国へ、さらにエジプトまでの北アフリカ全域を旅行した。一五二〇年チュニジアのジェルバ島近くでシチリアの海賊にとらえられ、ローマ教皇レオ十世に献上された。彼は教皇によって厚遇され、キリスト教に改宗、洗礼名ヨハンネス・レオを与えられたが、通称ではレオ・アフリカヌスと呼ばれた。

四分の一ドゥカート(金貨)を徴収した。ターマダルトからアウダグストへの道はキャラバン隊に襲撃される危険な道であった(バクリー)。

十三世紀の法学者アブー・アブドゥッラー・カスタッラーニーは、シジルマーサの宮殿を訪れたとき、絨毯の上には、シジルマーサとガーナのあいだでキャラバン隊を襲撃した叛徒たちの頭がおかれてあった、と証言している(マッカリー)が、これは交易路の治安対策の重要性と困難さを象徴的に物語っている。その点でイブン・バットゥータが繰り返し述べているように、マリ帝国内の治安は極めてよく、それがサハラ交易の繁栄にもつながったのである。

商業組織

サハラ交易が実際にどのように運営されていたのか詳しくはわからないが、具体的な企業形態で知られているのはイフリーキヤで発達したキラード(資本貸借による協業)である。キラードとは、商業資本をもつ者が貸主となって資本を出し、資力のない貧しい者(商人)が借主として労力(商売)を提供し、利益を分配する協業形態である。資本は、法的には現金でしか許されなかったが、実際には現物の金や銀、あるいは販売を委託された商品それ自体が貸付け資本にされた。利益配分は、通常、貸主が四分の三、借主が四分の一であった。

イフリーキヤでは十世紀ころからキラード制度による商取引が発達した。サハラ交易にかんしてキラードによる商取引の具体的情報はないので、イフリーキヤの事例によってその実態をみてみよう。

十二世紀の法学者マーザリー▲が伝えるファトワー史料▲には、イフリーキヤの商人たちに委託された代理人が記録した詳細な帳簿が残されている。それによれば、彼はキラードによって貸主と契約し、アレキサンドリアに行き、そこで珊瑚と絹を売り、インディゴ、亜麻、丁香、麝香（じゃこう）、婦人用ヴェールと上質絹織物を購入した。それらはチュニジアのビゼルトで荷卸され、チュニスに運んで販売された。ビゼルトからチュニスに運ばれるときに、商品に税がかけられた（次頁表参照）。

イドリーシーによれば、十二世紀のアグマートの商人たちはつぎのような方法でサハラ交易に従事していた。

アグマートの住民はベルベル系のハッワーラ族▲に属している。彼らは富裕

▼マーザリー（一〇六一～一一四一）　チュニジアの有名なマーリク派法学者。「イマーム（指導者）」という通称名で呼ばれた。ムワッヒド運動の創始者イブン・トゥーマルトはマフディーヤで彼に会った。

▼ファトワー史料　さまざまな問題についての法的見解（ファトワー）をまとめた史料集。取り上げられる問題は、実際に起こった例と想定事例の二つの場合がある。

▼ハッワーラ族　サンハージャ系に属するベルベル人の一派。

イフリーキヤにおける商取引の事例

アレキサンドリア

〈収入〉

販売	珊瑚	484 DR
	絹	460 DR

〈支出〉

販売手数料	珊瑚	34 DR
	絹	37 DR
購入	インディゴ	377 DR
	亜麻	213 DR
	丁香	102 DR
	麝香	25 DR
	婦人用ヴェールと上質絹織物	50 MQ
	総額	約 800 DR
傭船費		40 DR
滞在費		330 DR（2キーラート減）

ビゼルト→チュニス間

〈支出〉

課税額　1,523 DH

チュニス

〈収入〉

販売	インディゴ	（1 QTあたり2,600〜3,300DHで販売）
	亜麻	（1 QTあたり392DHで販売）
	絹	2,500 DH
	丁香	3,582 DH

（収入から支出を引いた）
総額収益　43,501 DH

重量または貨幣の単位

DR ：ディーナール
MQ ：ミスカール
QT ：キンタール
DH ：ディルハム

な商人であり、膨大な量の商品をたくさんのラクダに積んで、スーダンの国に行く。運ばれる商品は、赤やその他の色の銅、外套、羊毛の布地、ターバン、腰巻、ガラスや真珠や宝石類でつくられたあらゆる種類の数珠、さまざまな香辛料や香水、鉄製の道具類であった。このキャラバンのために、自分の奴隷や従者を雇う者は、少なくとも、一〇〇頭から、七〇ないし八〇頭のラクダに荷を積ませてから出発させる。ムラービト朝下で彼らよりも富裕で生活が楽な者はいない。彼らの家の入り口には、彼らが所有している富の程度を示すための印がある。ある者の保持金額が四〇〇〇ディーナール、交易への投資額が四〇〇〇ディーナールであるなら、彼は家の入り口の左右に、地面から屋根まで達する二本の柱を立てる。彼の家の前を通る者は、この柱の数を数えることでこの家の富裕さの程度を知ることができる。なかには、四本も六本も柱を立てている家がある。

ここからはアグマートの商人が、資金をサハラ交易に投資していることもわかるし、また場合によると、人を雇ってキャラバン隊を組織していることもわかる。このかたちはキラード方式に近いものと考えられる。

▼レスポンサ　ユダヤ教徒コミュニティ内で、ラビ(宗教指導者)などの権威者にたいする質問状とそれにたいする回答をレスポンサという。

▼**トゥワート地方**　アルジェから直線で南西一〇〇〇キロメートルのサハラ砂漠内にあるオアシス地域。およそ二〇のオアシス集落からなり、その中心がタマンティート。十三〜十五世紀にかけてシジルマーサとマリを結ぶ交易都市として繁栄した。

タマンティートの廃墟（トゥワート地方）

サハラ越えのキャラバン隊はムスリムだけでなく、ユダヤ教徒も関与し、しかも両者が協業形態をとる場合もあった。ユダヤ教徒のレスポンサ▲によれば、内陸部のトゥワート地方▲に居住していた多数のユダヤ教徒は十四世紀ころからサハラ交易に従事し、ムスリムと協業してキャラバン隊を組織していた。しかし、キャラバン隊に加わるユダヤ教徒がムスリムと同じような服を着ていたこと（おそらく安全のために）にたいしては、ムスリムの法学者からの非難があった。

大富豪マッカリー家

このようなキャラバン経営に成功した一族は大富豪になることも可能であった。トレムセンの町は十二世紀にムワッヒド朝の領域にはいるとともに、地中海とサハラ以南とを結ぶ交易活動の拠点として急に発展し始めた。マッカリー家の繁栄はまさにこの交易活動によってもたらされたものである。

マッカリー家はもともとアルジェリアのコンスタンティーヌ地方のマッカラと呼ばれる村に住んでいたらしい。マッカリー家は学問の世界でも有名であったが、第三代の人びとは商業に従事し、巨額の富を蓄えたらしい。彼らはたがいに共同し、強力な商業組織をつくり、遠くサハラ以南の地まで手を伸ばした。そのようすは、十四世紀のアンダルスの歴史家イブン・アル・ハティーブ▲によって知られる。この報告は、サハラ交易の経営実態と一族の繁栄・没落の過程を伝える極めて貴重な史料である。報告者イブン・アル・ハティーブは、アブー・アブドゥッラー・ムハンマド（一三五七年没。四二頁系図⑩、以下数字は系図を参照）が書いた文書からの引用であると断りながらつぎのように述べる。

われわれ〔⑩をはじめとするマッカリー家の者〕の先祖たちは、以前からトレムセンにやってきてはいたが、ここを居住地とした者はアブドゥッラフマーン〔①〕で、彼はアブー・マドヤン▲の弟子であった。彼〔①〕は私〔⑩〕の五代前の父親であった。彼の子孫たちは、彼らについての伝記のなかで述べられていることによれば、商売によって有名である。彼らは井戸を掘ることによって商人たちの安全を確保し、サハラの道を整備した。彼らは〔キャラバンの〕出発の〔知らせの〕ための太鼓と、行進中、先頭に掲げる旗をもっていた。ヤフヤー〔②〕には、五人の息子があった。アブー・バクル〔④〕もその一人であった。

▼イブン・アル・ハティーブ（一三一三〜七五）　グラナダのナスル朝下で活躍した学者。同王朝下でワズィール（大臣）の職にもついた。

▼アブー・マドヤン（一一二六／七〜九七／八）　十二世紀のマグリブ地方でもっとも有名なスーフィー。シャーズィリー系教団など、マグリブのスーフィー教団に大きな影響を与えた。

これら五人の息子たちは、共同経営をおこない、現存する、および将来えられる富を彼らのあいだで平等に分配した。アブー・バクル〔④〕とムハンマド〔⑤〕はトレムセンに住んでいた。彼ら二人よりも年上で、彼ら二人と父親が同じであるアブドゥッラフマーン〔③〕はシジルマーサに住んでいた。アブドゥルワーヒド〔⑥〕とアリー〔⑦〕――この二人は〔前三者よりも〕若く、たがいに異母兄弟である――は、サハラのイーワーラータン〔ワラータ〕に滞在していた。彼ら〔⑥と⑦〕はイーワーラータンに土地と家を所有し、妻をめとり、女奴隷たちに子どもを生ませた。トレムセンに住む者はサハラに住む者が指示してきた商品をサハラに送り、一方サハラに住む者はトレムセンに住む者に皮革や象牙や木の実や金を送った。シジルマーサに住む者は、ちょうど秤の針のようなもので、トレムセンとサハラに住む人びとに〔物価の〕上がり下がりの程度や商人たちの状況、またその土地のできごとについての文書を書き送って知らせた。このようにして彼らの富はまし、また彼らの地位は高くなった。

しかし、タクルール〔マリ帝国〕がイーワーラータンとその従属地を征服し

イーワーラータン　今日のイーワーラータンの全景。トンブクトゥ（五三頁参照）の繁栄とともに、この町は衰退していった。

マッカリー家系図

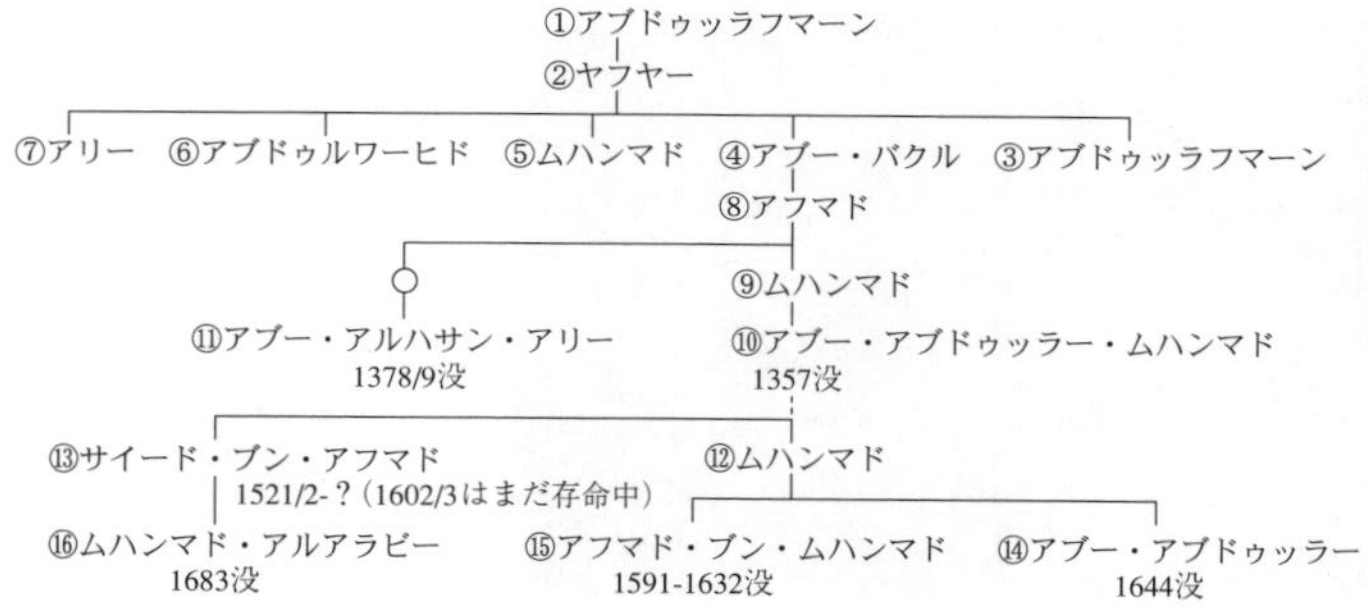

たとき、彼らの富はその地の富とともに、打撃を受けた。そこでイーワーラータンにいた彼らのうちのある者が一族を集め、彼らの財産を守ることに成功した。のちに、彼はタクルールの王と会った。王は彼を「親愛なる仲間」「心からの友」と呼びながら歓迎し、彼に王の支配下全域で商取引に従事することを許した。続いて王は、王自らが欲する品物を注文するために上述の親愛の情を示す言葉をそえてトレムセンの〔マッカリー家の〕人びとに手紙を書いた。私〔⑩〕はその証拠としてタクルールの王やマグリブの王たちによって書かれた手紙をもっている。

マッカリー家の兄弟たちがタクルールの王たちの信頼をえたとき、彼らはその土地に自由に行き来するようになった。そして、彼らの財産は並はずれて大きくなり、計算できないほどであった。というのも、エジプトの人びとが砂漠の地域に進出する以前は、マグリブから砂漠の地域に相当量の商品が相当の値段でもたらされていたからである。

これらのマッカリー家の長老たちが死んだのち、彼らの子どもたちは彼らに残された財産を使った。しかし彼らはその遺産を有効に使わなかった。

彼らはまた絶え間ない内乱に巻き込まれ、さらにスルタンの圧制をまぬがれることができなかった。それゆえ、彼らの地位は今日まで衰退しつづけた。このような状況ののちに、私〔⑩〕には、先祖が立派であったということ以外に、かつての富の残骸程度しかもたらされなかったが、相続した財産のなかには、大きな書庫と勉学に役立つたくさんの物がある。

繁栄と没落の実態

マッカリー家の五人の兄弟たちがサハラ交易で活躍した時代は、十三世紀前半から中ごろである。後述するようにマリ帝国の王マンサー・ムーサー▲の時代にイーワーラータンがマリの支配下にはいり、北からやってくる商人たちはマリの役人によって厳しい統制を受けた。マッカリー家の衰退はこのことと関係があるだろう。

ここで見落としてはならないことは、このような商業活動の拡大が商人・商品以外のさまざまな人と物・文化の移動をともなっていたことである。自らが学問的教養を身につけていたマッカリー家の商人は、おそらくウラマーをもと

▼マンサー・ムーサー（在位一三一二～一三三七あるいは一三〇七～一三三二）マリ帝国最盛期の王でサハラ砂漠をこえてメッカ巡礼をおこなったさいに、旅の途中やカイロで金を湯水のように消費し、エジプトの金価格を暴落させた。のちにこの噂が西欧に伝わり、「黄金の国」マリの伝説をつくりだし、カタロニア地図などに描かれることになった。

もないつつイスラームの学問・文化をマリ(黒アフリカの諸地域)へと伝えたであろう。実際にイブン・バットゥータがマリに向かうさいに加わったキャラバン隊のなかにもトレムセンの商人が加わっていた。また彼はマリに着くと、白人地区に住むムハンマド・ブン・ファキールというウラマーの世話になっているが、この場合の白人とは北アフリカ出身のアラブ人かベルベル人である。白人が黒人地域にでかけていったり、居住したりすることは決してめずらしくなかった。

⑩⑪の世代ののち、マッカリー家の人びとについての具体的史料は十六世紀までとだえるが、十六世紀にふたたび偉大な学者が出現した。すなわち、サイード・ブン・アフマド⑬である。十六世紀の学者イブン・マルヤムは「サイードはトレムセンの卓越した学者、法学者、ムフティーであり、四五年間もトレムセンの大モスクのハティーブ職を務めた。彼はスーフィーの道をもおさめ、ハーッジュ・ワフラーニーからスーフィーの弊衣を与えられた」と伝えている。

サイード・ブン・アフマドから学んだ学者は多いが、そのなかで注目すべき

▼ムフティー　ファトワー(三六頁参照)を出すことのできる法学の権威者。

▼ハティーブ　説教師の意味。金曜日の集団礼拝時におこなわれる説教と礼拝指導を兼務する。

▼スーフィー　イスラーム神秘主義者。神との精神的合一をめざし、ときには奇跡や予言をもおこなった。

人物はアフマド・ブン・ムハンマド・マッカリー⑮である。彼は『アンダルシアの涼しき小枝よりくる芳しき香り』▲の著者として有名であり、普通マッカリーと呼ばれるのはこの人である。彼は一五九一年アルジェリアのトレムセンで生まれ、一六〇〇／一年ごろマラケシュやフェスで学んだのち、一六一七年メッカ巡礼に出発した。彼はそのままマシュリクにとどまり、メッカ巡礼を五回おこなうあいだにメディナ、ダマスクス、カイロなどのマドラサ（学院）やモスクでハディース学▲を講義し、大成功をおさめた。そして一六三二年ダマスクスで没した。

生きつづける名家の伝統

文献史料から知りうるマッカリー家の人びとは以上である。ところが十九世紀のなかごろ、トレムセンの「カーディーの墓地」と呼ばれていた、雑草の繁る荒れた墓地の調査によってマッカリー家のその後の歴史が明らかになった。墓碑の一つは⑬の息子ムハンマド・アルアラビー⑯のものであり、ファキーフ（法学者）・サイイド・アーリム・アッラーマ（もっとも卓越した知識人）・ム

▼『アンダルシアの涼しき小枝よりくる芳しき香り』　アンダルスの地誌（気候・服装・食べ物・官職・都市景観など極めて多様な内容を含む）、アラブによるスペイン征服史、ウマイヤ朝期からムワッヒド朝期までのコルドバ史と地誌、アンダルスから旅立った者とアンダルスに赴いた者計三七六人についての伝記などが記述された重要な史料。

▼ハディース学　ハディースとはイスラームの預言者ムハンマドの言行を記録したもので、伝承と訳される。ハディースの真偽を検証する学問をハディース学という。ハディースはイスラーム法ではコーランにつぐ重要な法源である。

トレムセンの「カーディーの墓地」

ハッディス(ハディース学者)という墓碑銘から、彼はまちがいなく学者であった。

　また大学者であった⑮の兄弟アブー・アブドゥッラー(⑭)の墓碑も発見された。その墓碑銘によれば、彼はコーランの完全な暗唱者であり、一六四四年に没した。さらにこの碑文から、彼と⑮の父親ムハンマド(⑫)も学者であり、法学者であったことがわかる。

　このように墓碑銘は文献史料の欠落を補い、十七世紀後半までマッカリー家が学者としての伝統を維持していたことをみごとに証言しているのである。

　この墓碑調査が公表されたのは一八六四年である。調査者Ch・ブロスラールは史料的根拠をあげずに十九世紀前半のマッカリー家について言及しているが、それはおそらく彼がマッカリー家の末裔(まつえい)の状況を直接に知っていたからであろう。すなわちつぎのように述べる。

　オスマン帝国支配の末期〔十九世紀初め〕、トレムセンには三人のマッカリー家の子孫が住んでいた。そのうちの一人、サイード・ハーッジュ・マッキー・マッカリーは四〇年以上もトレムセンの大モスクのイマーム▲をしていた。しかし、フランスによるトレムセン占領の大混乱の時期〔一八

▼イマーム　イマームはモスクで礼拝・説教の両方を指導できる学者を指す場合と、たんなる礼拝指導者を指す場合とがあるが、マッカリー家の場合は前者である。なおシーア派においてイマームはアリーとその子孫を指し、政治・宗教の両権を有する最高権威者を意味する。

三六〜四二年〕に、これら三人のマッカリー家の者はモロッコに逃げた。上述のサイイド・ハーッジュはアルジェリアとの国境近くの町ウジュダに住みつき、一五年後に死んだが、彼の三人の息子たちはブロスラールの執筆時〔一八六四年〕タザで生活し、名家の子孫であることのゆえに人びとの尊敬を受け、しかるべき地位をえていた。一方、モロッコに逃げたほかの二人、サイイド・ハンマーディーとサイイド・ムハンマドもそれぞれの亡命先で没したが、非常に興味深いことには、前者の息子はウジュダの商人であり、その活動はサハラにまでおよんでいた。また前者の二番目の息子は卓越した学識と高徳さによりフェスの大モスクの教師になっていた。

このようにブロスラールが伝える十九世紀のマッカリー家の子孫は学問とサハラ交易活動の伝統を継承し、名家の評判は人びとのあいだに生きつづけていたのである。

④—黒人王国とヨーロッパ商人

南北交流史の第二の転換期

ムワッヒド朝が衰退に向かう十三世紀は、サハラの南北交流史にとって時代の転換期を意味していた。というのも、この時代にヨーロッパ商人たちが北アフリカの港市に永続的居留地を築き、キリスト教地中海世界がサハラ交易に接合したからである。

ヨーロッパ商人の最初の拠点となったのは地中海に面するモロッコの都市セウタで、ここには十二世紀から、マルセイユ商人、続いてジェノヴァ商人、ヴェネツィア商人、ピサ商人が到来し、そのあとにカタロニア商人やポルトガル商人がやってきた。彼らの動機には、イタリアの商人たちが自由な商取引を欲していたのにたいし、カタロニア商人やポルトガル商人たちはあわよくば領域占領を意図していたという違いはあったが、いずれの商人たちもここにフンドゥク(商館)を建てた。

アルジェリアのアブド・アル・ワード朝(首都トレムセン)の外港フナインと

十五世紀初頭のセウタ　一四一五年八月二十一日のポルトガルによる占領直後を描いた絵。

オランにも、十三世紀にピサ商人、マルセイユ商人、マジョルカ商人、カタロニア商人、ジェノヴァ商人、バルセロナ商人がフンドゥクを建て、居留地を築いた。トレムセンではカタロニア商人はサハラのキャラバン商人と直接取引をおこなった。またハフス朝▲の都チュニスにも、ヴェネツィア商人やカタロニア商人たちが居留するようになった。

キリスト教ヨーロッパの商人たちは、北アフリカの港市はサハラ交易の出口であり、ここに居留地を築くことでその恩恵に与れると考えていたのである。十三世紀にカタロニア商人やジェノヴァ商人たちはサハラの金がモロッコ大西洋岸のサレに運ばれてくることを知ると、そこにまで活動を拡大した。

フェスのフンドゥク

▼**ハフス朝**（一二二九〜一五七四年）ムワッヒド朝のイフリーキヤ総督（ハフス家のムハンマド）が自立して建国。ムワッヒド朝の後継国家を自認した。地中海の交易活動で栄えたが、十五世紀以降は海賊の活動に悩まされ、一五七四年オスマン帝国によって滅ぼされた。

マリ帝国とサハラ交易

この第二の転換期は内陸アフリカでマリ帝国が出現する時代にあたっている。マリ帝国台頭の経済的基盤に注目するならばもちろん金の支配と輸出は無視できないが、サハラの南北交流という観点に立つならば、転換期を特徴づける以下の三つの要素のほうがより重要な意味をもっている。

第一は、黒人諸国が塩支配者（ベルベル人）の圧力に左右されなくなったことである。一三五二年タガーザーを訪れたイブン・バットゥータは「黒人たちが塩を仕入れにタガーザーにやってくる。その塩はイーワーラータンで八から一〇ミスカール（五七頁参照）で売られ、マリでは二〇から三〇ミスカール、ときには四〇ミスカールで売られる」と述べている。マリ自身がタガーザーの塩山を支配していたのかどうかは断定できないが、遅くとも十四世紀にはマリの黒人商人たちが北の方に進出し、タガーザーで塩を自ら購入できるようになったのである。

これは重大な影響をもたらした。黒人たちは、ベルベル人たちの塩の独占に苦しむことなく、安値で塩を入手できるようになり、さらに安い値段で購入した塩を森の黒人たちに高い値で売る中間業者の役割もはたすようになった。塩交易はマリ帝国の繁栄の源になった。この時代にはモーリタニア中西部のイジルとワダーンで新たに塩床（ベルベル人の支配）が開発されたが、そのことがタガーザーへの黒人たちの進出を容易にしたと考えられる。

第二は、黒アフリカが銅の生産を始めたことである。南北サハラ地域における銅の交易についてはなお解明すべきことが多いが、タカッダーの銅鉱山はすでに十三世紀には開発され、銅は十四世紀にはマリ帝国の重要な輸出品になった(イブン・バットゥータ)。マリの王、マンサー・ムーサーはここから産出された赤銅を異教徒の黒人たちに売り、彼らから金を購入していた(ウマリー)。

銅は遅くとも九世紀ころから、北アフリカ、とくにモロッコ南部のダルア地方のアグマートから黒アフリカへの重要な輸出品の一つであった。マリ帝国内での銅の採掘は、北アフリカから黒人アフリカへの銅の輸出がとまったことを意味するが、銅製品はこのあとも輸出されつづけた。そのことは、モーリタニアのティジクジャ近郊のアシャリム遺跡から、サハラの北から運ばれた銅製品、すなわち多数の装身具、鎖、料理器具、洗浄容器などが発掘されていることから証明される。北アフリカは銅の生産地であるとともに、十二世紀ころからヨーロッパからの銅の輸入地でもあったが、サーヘル地域▲の黒アフリカ諸国は銅の生産地であるとともに、北アフリカからの銅製品の輸入国でもあった。

十三世紀ころから、北アフリカからマリ帝国への銅鉱石の輸出がとまった。マリ帝国内で生産された銅は周辺の黒人の国々だけでなく、エジプトにも輸出

▼サーヘル地域　サーヘルとはアラビア語で「縁」「岸」を意味し、サハラ砂漠南縁のサバンナ気候帯に属する東西ベルト地域を指す。サハラをこえてきたアラブ人がこのように呼んだことに由来する。南の森と北の砂漠のあいだに位置し、黒人王国の支配拠点となった地域である。

され、国家の重要な財源になった。それはサハラの銅の交易圏地図に大きな変化をもたらした。

第三の要素は、織物の輸出である。マリ帝国に綿の木が移入されるとともに、マリ帝国はサハラ地方における布地と衣服の生産・流通に一大革命を起こした。

黒アフリカへの綿の木の移入については、アビシニア（エチオピア）あるいはナイル上流域からもたらされたとする説もあるが、衣服の原料としての綿の栽培はアラブ・ムスリムが持ち込んだものであろう。綿の木にかんする史料の初出は十一世紀のバクリーの地理書であるが、タクルール地方（西サハラのセネガル川流域）のカランブーという町について「綿の木はあまり豊富ではない。しかしどこの家にも綿の木がある」とあるだけで、綿織物や綿の服についてはまったく言及されていない。ほかの史料でも、タクルール地方でつくられるシャッキーヤートという綿製の長腰巻が貨幣がわりに使用されていたという記述があるだけなので、ガーナ帝国時代の黒アフリカでは綿織物はほとんど生産されていなかったとみてよい。

マリの領域での綿の木の栽培については、伝説は「マリの初代王マーリー・

▼**マーリー・ジャータ**（在位一二三〇～五五）　マリ帝国の始祖で一二四〇年にガーナの町を征服したとされる。ムスリムであったが、魔術師

ジャータが農業の発展に力をそそぎ、綿の木を移入した」という。実際に十四〜十六世紀に綿布の交易が非常に活発になる。ウマリーは「マリの人びとは彼らが栽培した綿を非常に繊細に織った布でつくった白い服(カミーシーヤー)を着ている。彼らの服装は、マグリブ人たちの服装、つまりジュッバやドゥッラーアに似ている」と述べる。イブン・バットゥータはマリからの帰途、タカッダーとトゥワートのあいだで、肉、乳、バターを買うのに、代金を布で支払った。

その後、黒アフリカ地域における織物生産は急激に発展し、北アフリカに輸出されるほどになった。十六世紀前半に黒アフリカを旅行したレオ・アフリカヌスは詳細にそのようすを伝えている。すなわちチャド湖西方五〇〇キロメートルほどのところにあったゴビル王国には、非常にたくさんの織物職人がいて、彼らが織った布はガオやトンブクトゥにまで輸出されていた。リビア砂漠の部族民たちは、黒人の国からやってくる商人たちから買った、綿の布製で袖が広く、青色の大きなシャツを着ていた。ジェンネの人びとは自分たちが織った綿の布をベルベルの商人たちに売り、大きな収入をえていた。

としても知られていた。都をマリ(ニアニともいう)におき、彼の死後ガーナにかわる大帝国が築かれた。

▼ゴビル王国　チャド湖の西方に居住した黒人ハウサ族の諸国家の一つ。ほかにダウラ、カノなどの国家があり、連合することもあった。ゴビル王国には靴職人も多くおり、製造された靴はトンブクトゥやガオにも輸出されていた。

▼トンブクトゥ　ニジェール川の中流域、川の湾曲部にある都市。マリ帝国やソンガイ帝国時代に繁栄し、ソンガイ帝国時代に西欧では黄金郷トンブクトゥとして知られるほどであった。アラブ・ムスリムの学者たちも来住し、学問研究も盛んであった。十六世紀以降はしだいに衰退。

▼ジェンネ　ニジェール川の中上流域に位置する都市。十一世紀ころからトンブクトゥの商人と、金、農産物などを運ぶ南の森林地域の商人たちとのあいだを仲介して発展した。トンブクトゥやガオと違って大帝国にはならなかったが、独立を維持した。

巡礼者の往来

マリ帝国の繁栄は多数の黒人巡礼者たちを北のアラブ世界に送り込んだ。人間の移動・交流という点で考えると、奴隷と並んでメッカ巡礼者は重要な役割をはたした。九世紀末のヤークービー▲の地理書には、フェッザーンとチャド湖のあいだに位置するザウィーラ地方のムスリムたちがメッカ巡礼をおこなったことが記録されている。アラビア語史料によるかぎり、これが黒人アフリカ地域からのメッカ巡礼者についての最初の記録である。

十一世紀初め、西アフリカのサンハージャ系ベルベル族ヤフヤーのメッカ巡礼については、それがムラービト運動という熱狂的な宗教・政治運動の契機になったので多くのアラビア語史料に言及されている。ヤフヤーのメッカ巡礼は、ムラービト帝国の出現によってサハラ南部の黒人王国からスペインまでが結びつく新時代を形成する動因となった、という点でとくに重要であった。

西アフリカの黒人たちによるメッカ巡礼については、マリのスルタン、バル・マンダーナが十一世紀半ばころに最初に巡礼をはたし、彼の後継の王たちもそれに倣ったという史料がある(イブン・ハルドゥーン)。これが史実とすれば、

▼ヤークービー　八九七年没。アラブの地理学者で西はエジプト、東はインドまで旅をした。『諸国の書』を執筆。

西アフリカの黒人たちによる最初期の巡礼であろう。歴史的状況からいえば、ムラービト軍に征服されたガーナの人びとがイスラームを受け入れ、彼らが十二世紀初めメッカ巡礼をおこなった、というズフリーの記述のほうがより真実性は高い。同じ十二世紀のガルナーティーによれば、東アフリカのジブチに住むザイラウの住民はもっとも敬虔（けいけん）な黒人たちで、毎年徒歩でメッカ巡礼をおこなっていた。

では巡礼団の規模はどのくらいであったのか。じつは巡礼団の規模について語る史料は多くはない。マグリブおよびサハラからの巡礼者はカイロに集結するのがふつうであった。一三四四年の記録（マクリージー）によれば、マグリブからは一万人以上の巡礼者が、マリ帝国領のタクルール地方からは五〇〇〇人ほどの巡礼者がカイロに到着した。近代になるとヨーロッパ人旅行者たちの記録によって具体的数字が多く出始める。一七三〇年にイギリス人旅行家Th・ショーはリビアのトリポリ近くでモロッコのフェスとスース地方からやってきた巡礼団を目撃した。それによれば、巡礼者三〇〇〇人、ラクダの数一万二〇〇〇〜一万四〇〇〇頭であった。一七五〇年にエジプトを訪れたスウェー

▼ズフリー　十二世紀のマグリブの地理学者で一一三七〜五四年までスペインの各都市を旅行したこと以外は不明。彼の地理書はムラービト朝とガーナの関係を伝える重要な史料である。

▼ガルナーティー（一〇八〇／一〜一一六九／七〇）　グラナダに生まれたが、マシュリクで生涯の大半を過ごし、ダマスクスに没した。『最良の贈物』という地理書を執筆。

▼マクリージー（一三六四〜一四四二）マムルーク朝期エジプトのもっとも著名な学者。地誌、年代記など多数の著作がある。

▼スース地方　モロッコのマラケシュの南、アガディールの東に広がる平地。

デン人植物学者F・ハッセルクイストはマグリブ人巡礼者に出会い、その数を一万人と記録し、七〇年にエジプトで北アフリカの巡礼団を目撃したスコットランド人探検家J・ブルースは巡礼者三〇〇〇人で、ラクダが一万二〇〇〇〜一万四〇〇〇頭であったと報告している。

マンサー・ムーサー王の巡礼

マリの王マンサー・ムーサー(四三頁参照)がメッカ巡礼の旅に出発し、トゥワートを経由してカイロに到着したのは一三二四年であった。黒人のメッカ巡礼者でもっとも有名なのはこのムーサー王である。それは、王が巡礼の途上に湯水のごとく金を分け与え、カイロの金価格を暴落させたというエピソードを残したからであった。そのようすを史料はつぎのように述べる。

マンサー・ムーサーは、金一〇〇荷〔ラクダ一〇〇頭の荷〕をたずさえて、国を出発した。カイロへの道中、さらにカイロと聖なるヒジャーズの地のあいだ、行きも帰りも、出会った諸部族に金を分け与えた。そのためカイロでは借金をせざるをえなくなった。彼は、好条件の担保を与えて商人たちからお金を借りた。それは金貨三〇〇ディーナールにたいし、七〇〇ディーナールを返金するというものであった。のちに、故郷に帰ってから、彼は気前よくその総額を送り返した。(ウマリー)

しかしイブン・ハルドゥーンはこう述べる。

大商人バヌー・アル・クワイフ家の商人たちは王に五万ディーナールを貸した。彼らは貸し額の取戻しのためにマリにもどる王に代理人を同行させ、さらにその代理人が現地で死ぬと別の代理人を送って貸し額を返金させたが、結局ムーサー王が死んだのでそれ以上取り立てなかった。

いずれにしろカイロの商人たちはムーサーの気前のよさにつけこみ金を浪費させたため、おそらく一〇トンの金が流入した。そのためムーサーがカイロに到着する前までは、金一ミスカール▲が銀二五ディルハムか、それ以上の価値であったのに、彼の到着後は、金一ミスカールは銀二二ディルハムか、それ以下になり、そうした状態が一二年以上も続いた(ウマリー)。

金の浪費(五九頁参照)だけでなく、供の数も異常な多さであった。カイロに着いたときの従者の数については、ただたんに一万二〇〇〇人、あるいは一万

▼ミスカール　貴金属の重量をはかる場合、ミスカールとディーナールが金の重量単位として、ディルハムが銀の重量単位として用いられた。時代や地域によって異なるが、一ミスカールは四・四六〜四・八一グラム、一ディルハムは三・〇八〜三・三〇グラムが標準であった。ディーナールは重量単位の場合はミスカールと同じであった。なおディーナールは金貨の意味で、ディルハムは銀貨の意味でも用いられた。

▼ワンジャラータ族　ニジェール川の上流、マリの東部地域に居住していた黒人。ジェンネの商業活動は彼らが支配していた。

人と述べる史料もあれば、もっと具体的にマグリブ人と黒人奴隷からなる供の数は二万人、あるいは供のなかに一万四〇〇〇人の女奴隷がいたと述べる史料もある。奴隷はおそらく売却されたのであろう。というのも一四三九年カイロに到着した黒人の巡礼者たちは金と多数の奴隷をたずさえていたが、奴隷を売ったあと、メッカに出発したからである(マクリージー)。

西アフリカにおける金のバブル経済状態はソンガイ帝国の時代(十五〜十六世紀末)まで続いた。レオ・アフリカヌスは「ソンガイ帝国の首都には、無数の黒人たちが北アフリカやヨーロッパから輸入された商品を購入するために大量の金をもって集まってくるが、金は使い切れない。そのため彼らはもってきた金の半分か三分の二はもち帰ることになる」と述べている。イブン・バットゥータやレオ・アフリカヌスはワンジャラータ(ワンガラ)▲という黒人の商業民族について言及している。もっぱら商業に従事する特殊な集団の出現(十三世紀ころ)は、西アフリカの豊富な金による経済の活性化がもたらしたものである。

しかし黒アフリカ諸国の金の浪費はただたんに金が豊富であったからではな

マンサー・ムーサー王の金の浪費を示す事例

〈メッカ巡礼中の浪費〉	
メッカへの巡礼ガイドへの報酬	200 ミスカール*
ガイドの仲間たちへの報酬	相当な額の金*
スルタン・ナーシルへの贈与	50,000 ディーナールの相当額**
カイロ商人からの借金	50,000 ディーナール**
カイロのアミールへの贈与	マンサー・ムーサーからもらった数千の金塊が相続として見つかった*
〈マリ国内に在任中の浪費〉	
メッカから連れ帰った詩人(イブラーヒーム・アッサーヒリー)への贈与	4,000 ミスカール***
トレムセンから来た商人への贈与	700 ミスカール***
アブー・アルアッバースという裁判官への贈与	4,000 ミスカール***
ムドリクという人への贈与	3,000 ミスカール***
〈エジプトに持ち込まれた金の量〉	
マリからの出発時の金の積荷	100 のラクダ荷*
カイロ到着時の金の積荷	80 のラクダ荷。1ラクダ荷が3キンタールの金の量**

出典：*ウマリー　**イブン・ハルドゥーン　***イブン・バットゥータ

●一三五〇年ころのサーヘル地域

い。おそらくそれは貨幣制度と関係があろう。ジェンネでは十六世紀ころ、トンブクトゥでは十八世紀ころ、刻印のない小さな金貨が流通したが、黒人王国では金貨はほとんど鋳造されなかった。宝貝、銅、塩、布地が貨幣のかわりをした。男女の装身具として金が用いられたことも、また王族たちが金を所有していたことも確かであるが、大部分の金は交易品や贈物としてサハラの北に流出したのである。

黄金伝説とヨーロッパの誤解

アラブ・イスラーム世界が伝えた黒人アフリカについての情報は、翻訳や伝聞などのかたちで早くからヨーロッパに伝えられた。その一つの証拠がマンサー・ムーサー王と黄金の国マリについての情報である。十四世紀から始まるヨーロッパ人のサハラ冒険旅行は、アラブが伝えたアフリカの豊饒(ほうじょう)な金のイメージに刺激され、金を探求することを第一の目的としていた。

地中海に浮かぶマジョルカ島は十世紀初めからアラブ(ベルベル)・イスラームの支配下にあったが、一二二九年、アラゴン連合王国によって再征服(レコ

ドゥルセールの地図(一三三九年)

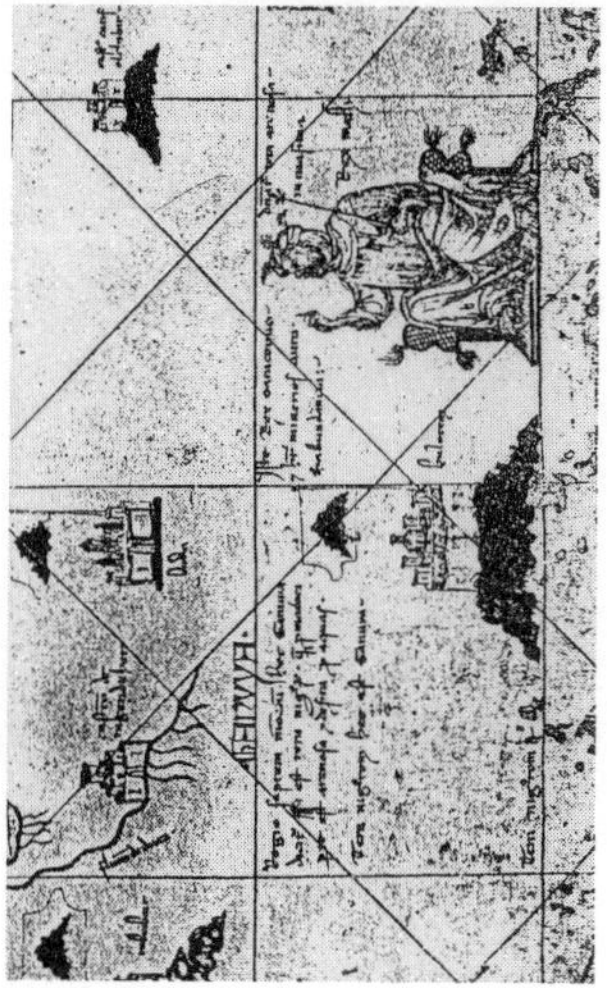

▼アブラハム・クレスケス(一三二六?〜八六) マジョルカ島に居住

ンキスタ）された。この島のパルマの町に十三世紀に地図制作集団が出現した。中心になったのがユダヤ教徒たちで、彼らはアラブ・イスラームの知識と伝統を継承しながら、世界地図を制作した。そのうちの一人アンジェリーノ・ドゥルセールが一三三九年に描いた地図には、黄金の玉を手にしたマンサー・ムーサー王、王都マリやサハラ交易の拠点シジルマーサなどの諸都市が描かれている。一三七五年ころ、同じマジョルカ島人のユダヤ教徒の地図制作家、アブラハム・クレスケスが▲ドゥルセールの地図に描き足し（例えばラクダに乗ったアラブのキャラバンの姿など）、さらにアラビア半島から中国までをつけ加えて世界地図を完成させた。これがいわゆるカタロニア地図▲である。クレスケスは、その後一三八一年、八二年、八七年にフランスやアラゴンの王たちのために同じ地図を描き、アフリカ情報をヨーロッパに広める役割をはたした。さらにカタロニア地図は一四一三年同じマジョルカ島のユダヤ教徒メシア・デ・ヴィラデステスによって写し描かれた。

もっと直接的に詳細に黒人アフリカの情報をヨーロッパに伝えたのは、十六世紀の地理学者、旅行家ハサン・ブン・ムハンマド、通称レオ・アフリカヌス

▲したユダヤ教徒クレスケス家の一人で、アラゴン王朝の宮廷で地図制作家として寵遇された。息子ヤフーダ・クレスケスも地図制作家として活躍。

▼一三七五年のカタロニア地図
西はアフリカ、ヨーロッパから東は中国までを含む世界地図。左の絵はその一部で、武器をもちサハラからラクダで運ばれる金を待つオルガナの「サラセン」（アラブ）の王が描かれている。

トンブクトゥの街とサンコレ・モスク（十一世紀建造）

（三四頁参照）である。彼は、前述の「無数の黒人たちが使い切れないほどの金を所有している」という記述以外にも、「トンブクトゥの王〔ソンガイ帝国の王の代官〕は莫大な量の金を貨幣として、金塊として所有している。金塊のなかには、重さが一三〇〇リーブル〔約四四〇キログラム〕というとてつもなく大きなものがある」と述べ、アフリカの豊饒な金のイメージを膨らませる情報を伝えた。レオ・アフリカヌスはもともとはグラナダのアラブ系ムスリムの出身である。十六世紀初めサハラの南を含む北アフリカ全域を旅行し、その見聞を一五五〇年『航海と旅について』という書名でヴェネツィアで出版（イタリア語）した。その後それは『アフリカ誌』と改題されて一五五六年にフランス語とラテン語に、一六〇〇年に英語に翻訳され出版されている。彼のアフリカ情報書が十六世紀末までにほぼヨーロッパ全域で読まれるようになったのである。

このようにヨーロッパにおいて黄金の国マリの風評が再生産されていき、トンブクトゥをアフリカの黄金郷とする伝説がつくりだされ、その伝説は十九世紀まで存続した。

南北の対等な交流

サハラの南北交流はつねに北の主導のもとにおこなわれてきたが、マリ帝国はこれを対等に近い関係に変更させた。十四世紀にマンサー・ムーサー王がサハラの南の出口にあたるイーワーラータンを支配し、ここに監督官(ムシュリフ)をおいて北からのキャラバン隊を厳重に取り締まった。統治者が外来者を取り締まるのはあたりまえである。にもかかわらずここを訪れたイブン・バットゥータが黒人にたいして示した不快感は、「対等な関係」が彼にとっては「黒人の白人にたいする無礼さや軽蔑」と感じられたあかしであろう。ムーサー王はまたカイロで白人のトルコ系奴隷を購入し、マリに連れて帰った。ここでは北と南における、奴隷主と奴隷の関係が逆転しているのである。

イーワーラータンがマリ帝国の支配下にはいることにより、黒人たちは独自に塩を入手できるようになった。塩交易の独占的支配権を喪失したサハラの北の商人たちは交易の優位性を保つために商品の多様化を迫られた。

かくして馬、宝貝、ナツメヤシ、彩色ガラス、銅製の装身具などがサハラの北から南へ持ち込まれたが、北の商人が主導権を握るうえで価値があった商品は織物・衣服であった。マグリブ製やエジプト製にまじって、ヨーロッパ製の羊毛や絹の織物・衣服がサハラの南に輸出された。マリの王はヨーロッパ製の赤いムタンファス▲という服を好み、トンブクトゥではヴェネツィア製の服が非常な高値で売られていた。マグリブの商人たちは、ヨーロッパの商人たちがマグリブに持ち込んだ織物を、サハラの南に再輸出することにより、ヨーロッパの商人たちに売る金を獲得した。この交易はヨーロッパの商人たちがもっとも明白にサハラ交易に関与したことを示している。十四〜十六世紀にかけて、サハラの北から南への織物・衣服の輸出は驚くほど増加した。

しかしマンサー・ムーサー王の死後、王家の子孫のあいだに内紛が起こり、十四世紀後半になると、マリ帝国は衰退し始めた。それとともにこの対等の関係も終わり、十五世紀には北主導の交流関係にもどった。

▼ムタンファス　綿製あるいは絹製のビロードの服。

⑤—新時代の到来と奴隷交易

南北交流史の第三の転換期

十五から十六世紀にかけてサハラ交易の様相は激変する。この第三の転換期はサハラ南北交流のあり方が根本的に変わったという意味で新時代の到来といえよう。それはサハラの内部における変化と外部からの力による変化の二つの顔をもっていた。

アフリカ社会の内部では、すでに十四世紀半ばにエジプトのサハラ交易が復活するという大きな変化が起こっていた。十一世紀ファーティマ朝がエジプトに遷都し、マグリブの支配権を失ったあと、エジプトと西サハラとの交流はほとんどとだえていたが、十四世紀の二〇年代に再開された。それとともにサハラ南北交易路はしだいに東側に移動し始め、チュニジア地方、さらにエジプトがその利益を受けるようになり、他方モロッコのサハラ交易は打撃を受けた。イブン・バットゥータのサハラ旅行がマリーン朝の外交ミッションであったとする解釈はこのような背景から生まれたものである。

イブン・バットゥータの墓(タンジャ)

サハラ交易路の東への移動を促した要因は、マムルーク朝の国内政治が安定し、エジプトが地中海からインド洋を結ぶ国際交易の拠点として繁栄したことなどである。十四世紀半ばころには、毎年一万二〇〇〇頭のラクダのキャラバン隊がカイロからタカッダーを通ってマリへ向かった(イブン・ハルドゥーン)。十五世紀の半ばころ、エジプトの商人たちはスーダンの地(西アフリカ)にやってきて定期的に取引をおこない(マルファンテ▲)、マリからカイロに出発するキャラバン隊があり(カ・ダ・モスト▲)、一五一一年には金を積んだ二つのキャラバン隊が六カ月ごとにフェッザーンを通ってカイロに向かった。

こうして十五〜十六世紀にエジプトは交易ルートを東に移すことによってサハラ交易で重要な役割をはたすようになった。この交易路の変化は、チュニジア地方には有利であったが、モロッコ地方にはかなりの打撃であった。

サハラ西方の南北交易路は全体的に退潮傾向にあり、かつて栄えたシジルマーサやドラア地方▲も衰退していった。したがってモロッコにとってサハラ交易権の奪取は急務となった。こうしてサード朝▲はサハラに進軍し、一五八一年タガーザーの塩床を奪取、さらに一五九一年にトンブクトゥ、ジェンネ、首都

▼アントニオ・マルファンテ(一四一〇頃〜五〇)　トマソ・マルファンテの私生児としてジェノヴァに生まれ、マジョルカ島で没した。多額の遺産の多くをチェントゥリオーネ家が受け取った。ヨーロッパ人で最初にトゥワートを訪れた。彼の旅行書簡はパリの国立図書館に保存されている。

▼カ・ダ・モスト(一四三二または三六〜八八)　ヴェネツィアの生まれ。一四四五年海上交易事業をいとなむアンドレア・バルバリーゴに雇われ、ガレー船に乗って商業活動に従事する。一四五五年ポルトガルのサンビセンテ岬から船出。カナリア諸島、西アフリカを旅行した。

▼ドラア地方　シジルマーサの西、アンチ・アトラス山脈の南を流れるドラア川の流域。地域は大西洋岸まで達するが、川は途中からほとんど水のないワジ(涸れ川)となる。

▼サード朝(一五一一〜一六五九年)　シャリーフ(預言者ムハンマドの血統)を自称するモロッコ王朝。首都はマラケシュ。一五九一年のマンスール

ガオを征服し、事実上ソンガイ帝国を滅亡させた。サード朝軍兵士が使用したマスケット銃(火縄銃)は黒人アフリカ社会には今まで存在しなかった火器であり、圧倒的な威力を発揮した。しかし、この軍事的勝利も一時的な交易活動の回復をみせたものの、サハラ西方における南北交易の衰退という大きな流れを変えることはできなかった。

他方、サハラ縦断交易路の東部への移動にともない、このルートを使って金・奴隷と布地・馬が交換されるようになった。最初にフェッザーンからチャドにつうじるルートが栄えたが、このルートが十五〜十六世紀に部族対立のために切断されると、ガートからフェッザーンを通って内陸アフリカとエジプトを結ぶ道、およびチャドのハウサ都市群を通って南につうじる道が栄えるようになった。内陸アフリカと北アフリカの交流を活発化するさまざまな努力もおこなわれ、例えばカイロのマーリク派▲マドラサはチャド地方カネムからの巡礼者に宿泊施設を提供していた(マクリージー)。チュニジアのハフス朝もボルヌ帝国やソンガイ帝国と友好的な関係を保った。

王によるサハラ地域への遠征と征服によって、黒人が吸っていたタバコがモロッコにもたらされた。それによりタバコ吸飲の是非をめぐる法学論争が起きるなど、文化的にも興味深い影響を与えた。

マスケット銃をかつぐモロッコ兵

▼マーリク派　スンナ派イスラームにおける四法学派の一つ。マーリク・ブン・アナスが思想上の名祖。マグリブ、アンダルス、サハラ以南のアフリカに広まった。

フロリン金貨　フィレンツェの金貨で品質がよく、その後の西欧各国の模範となった金貨。聖ヨハネの立像とフィレンツェ市の紋章ユリの花が刻印されている。

ゼッキーノ金貨　ヴェネツィアの金貨で聖マルコとキリストの立像が刻印。フロリン金貨と優劣を競った。

▼ラテン帝国（一二〇四～六一年）　第四回十字軍がコンスタンティノープルを占領し、東ローマ帝国内に成立した西欧の国家。

ヨーロッパのアフリカ大陸内部への関心

新時代の到来にとって、サハラ交易史の視点だけでなく、世界史的視点からみても、外からの力による変化のほうがより重要な意味があろう。それが、中世のサハラの北と南の交流関係を根本的に破壊し、十九世紀後半の植民地支配という歴史上まったく新しい時代を準備したからである。

その背景は十二世紀ころまで遡って考える必要がある。ヨーロッパ社会では封建制の安定と農業生産力の向上によって十一～十二世紀に都市や市民が発展する「商業の復活」をみた。しかしこのころのヨーロッパ世界は銀本位制で銀貨が鋳造され、地中海の南のイスラーム世界が金本位制で金貨が鋳造されていたので、両者は貨幣制度と貴金属需要においてまったく異なっていた。たしかに地中海に面したカタロニアやジェノヴァでは、限られた量ではあったが、金貨が使用されていた。しかしそうした金貨は自ら鋳造したものではなく、イスラームの金貨を入手し、それをそのまま使用していたのである。

ところが十字軍を契機にしてヨーロッパ社会は金貨への関心を強め、ラテン帝国▲で金貨を鋳造し始めたのをさきがけに、一二五二年にフィレンツェがフロ

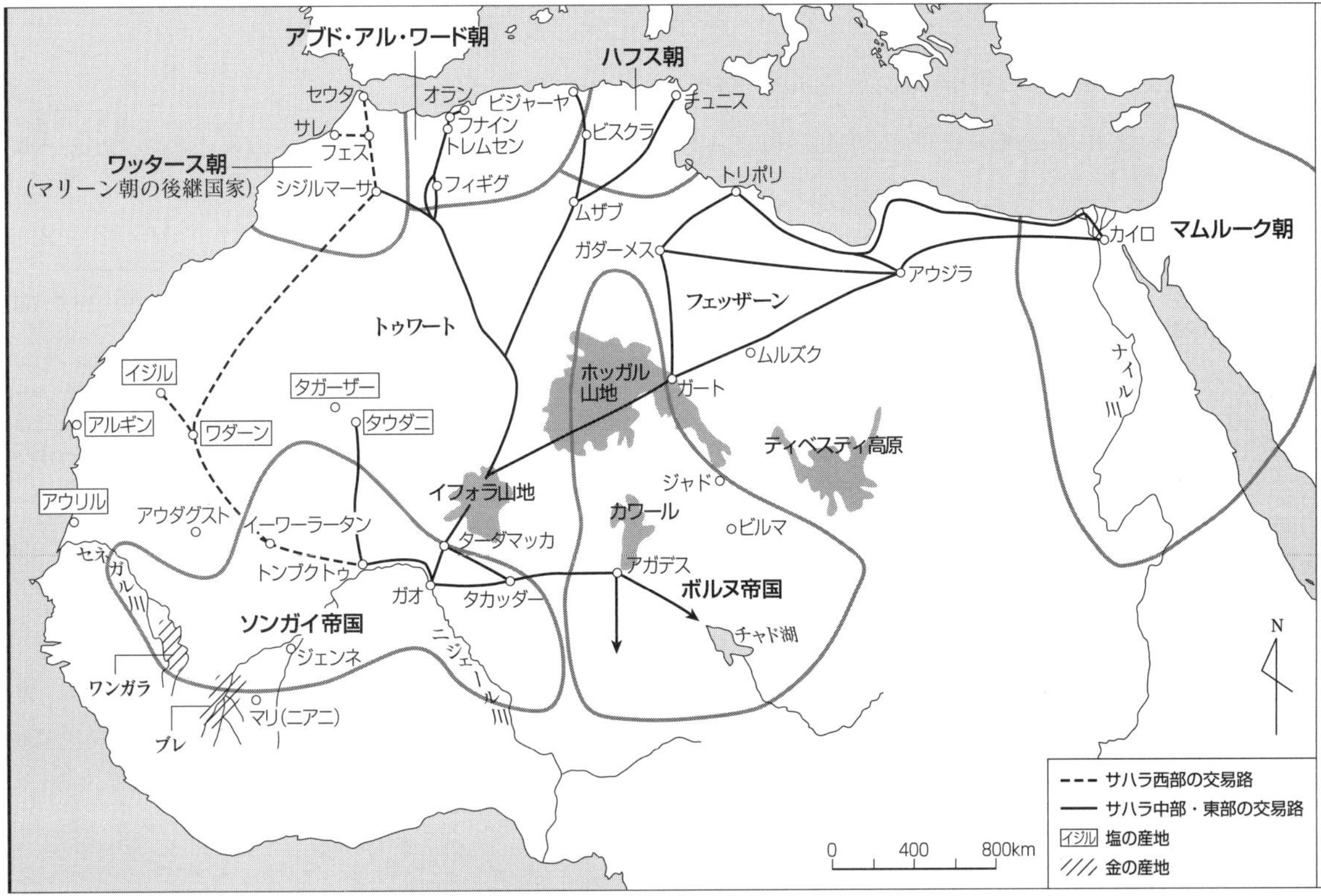

●十五〜十六世紀ころのアフリカとサハラ交易路

リン金貨を、ジェノヴァがジェノヴァ金貨を、一二八四年にヴェネツィアがゼッキーノ金貨を発行した(六八頁参照)。十三〜十四世紀の前半にかけて、サハラの金の流入はふえつづけ、ヨーロッパの経済を活性化させる役割をはたした。しかしこの時期にヨーロッパ全体が金を土台にした経済に移行したわけではなく、例えばアラゴンにおける金貨鋳造の開始は十四世紀の半ばになってからであった。

いずれにしろ十四〜十五世紀になるとヨーロッパは金貨鋳造のために大量の金を必要とするようになった。地理的理由やヨーロッパの戦乱状況▲などのため、金の探求はスペインとイタリアが中心的な役割をはたした。遅れて金の獲得競争に参加することになるポルトガルは別の解決策を講じるようになる。

このような気運の高まりとともに、ヨーロッパはアフリカ大陸内部に直接的関心をもち始めた。すでにアラブ世界に広まっていた黒人王国の金の逸話は誇張されてヨーロッパに伝わり、やがてアフリカの黄金郷伝説を生み出すことになる。それとともにアフリカの内陸部に足を踏み入れるヨーロッパ人もあらわれた。彼らの記録は手紙や日記のかたちで残されている。一三〇〇年ころジェ

▼ヨーロッパの戦乱状況　フランス国内の広大なイギリス領の帰属と、羊毛工業地帯のフランドルの支配権をめぐって、英仏両国は一三三九〜一四五三年まで断続的に戦争状態(百年戦争)にあった。

ノヴァの無名の商人はシジルマーサにまで行き、ここで住民から聞いた「覆面をした遊牧民」トゥアレグ人について、はじめてヨーロッパに伝えた。これはヨーロッパ人がサハラに足を踏み入れた最古の記録であろう。

フランスのトゥールーズのアンセルモ・ド・イサルグイエル▲は一四〇五年サハラ砂漠を縦断してソンガイ王国のガオにたどりつき、そこで現地の王女カサーイスと恋仲に陥って結婚をし、金や財宝の持参金とともに彼女をフランスに連れて帰った。もっとも重要な史料を残したのはイタリアのジェノヴァ人旅行家マルファンテで、彼はジェノヴァの有力商人の家「チェントゥリオーネ」▲の委託でサハラ砂漠の金交易を調査し、一四四七年にはトゥワート地方の中心都市タマンティートに到着した。彼の手紙には、トゥワート地方に居住する多数のユダヤ教徒▲商人、彼らがサハラ交易の大部分を支配して極めて豊かであること、ヴェールをしたトゥアレグ人の存在などが記録されている。しかし金がどこからもたらされるのかは確認できなかった。

また無名のフランシスコ派修道士も十五世紀半ばに西アフリカを旅行した記録を残している。彼らの冒険的旅行も金の探求という点ではたいした成功をお

▼アンセルモ・ド・イサルグイエル（生没年不詳）　フランスのトゥールーズ市の市政評議会の家に生まれる。一四〇二年にサハラへ旅立ち、〇五年ガオに到着。現地の王女カサーイスと結婚、八年間現地にとどまったあと、一三年トゥールーズに妻、娘(マルテ)とともに帰る。トゥールーズに帰ってからさらに二人の娘に恵まれた。彼の数奇な生涯は、イサルグイエル家と親しい関係にあったギヨーム・バルダンが彼のメモをもとに記述した史料によって知られる。

▼チェントゥリオーネ家　ジェノヴァの有力商人の家。トルコのアナトリア進出が強まったため、交易活動を西に移すことを決意し、マルファンテに委託してサハラの金の交易を調べさせた。

▼トゥワートのユダヤ教徒　一四九二年、マギーリー(一五〇六年以前に没)というイスラーム法学者の扇動により、ムスリムによる、ユダヤ教徒大虐殺とシナゴーグ(ユダヤ教会)の破壊事件が起こり、トゥワートのユダヤ教徒社会が崩壊した。

さめず、またサハラについての知識もまだ想像(伝説)に頼るという不正確さがあった。

ポルトガルの進出

しかしサハラ交易に遅れて参入したポルトガルは、まったく異なる方法と手段でサハラに接近してきた。彼らは地中海のムスリムを介する取引をあきらめ、大西洋へ活路を求めた。エンリケ航海王子▲はイタリア人の優れた航海士を雇い、それまでは不可能と考えられていた大西洋岸からアフリカに接近することで問題の解決をはかった。これはサハラ交易にとっては革命的大転換であった。一四四〇年ころから、ポルトガル人は大西洋岸からアフリカの内陸部との接触の可能性を組織的に探求し始めた。

ポルトガル人はまずリオ・デ・オロ(アルギンの北の地域)を征服し、身代金として金を獲得するためにも、また現地情勢やプレスター・ジョン▲の国の情報をうるためにも、多数の住民(色の黒いモール人▲)を捕虜とした。さらに南下し一四四三年アルギンを占領した。ここは内陸進出の拠点として位置づけられ、

▼エンリケ航海王子(一三九四〜一四六〇)　ポルトガル王ジョアン一世の子。ポルトガルの初期海外進出時代を代表する人物。一四一五年モロッコのセウタ攻略に参加、以後大西洋および西アフリカの探検、征服を推進した。後世、海外進出の立役者として神格化され「航海王子」と称されるようになった。喜望峰とインド洋航路発見の基礎を築いた。

▼プレスター・ジョン伝説　西欧で十二〜十六世紀のあいだ、プレスター・ジョンという名のキリスト教徒の王が統治する王国があったとする伝説。最初はペルシアの東方に、十五〜十六世紀にはエチオピアに存在すると信じられ、王国探索はアフリカ探検を促す要因になった。

▼黒いモール人　肌は黒いが、アラビア語を話すムスリム。

●——不正確なサハラの地図　一四五九年ヴェネツィアで制作されたフラ・マウロの世界地図では、サハラ砂漠には都市集落が点在し、キャラバン隊は短い日程で都市をわたって旅ができるように描かれている。

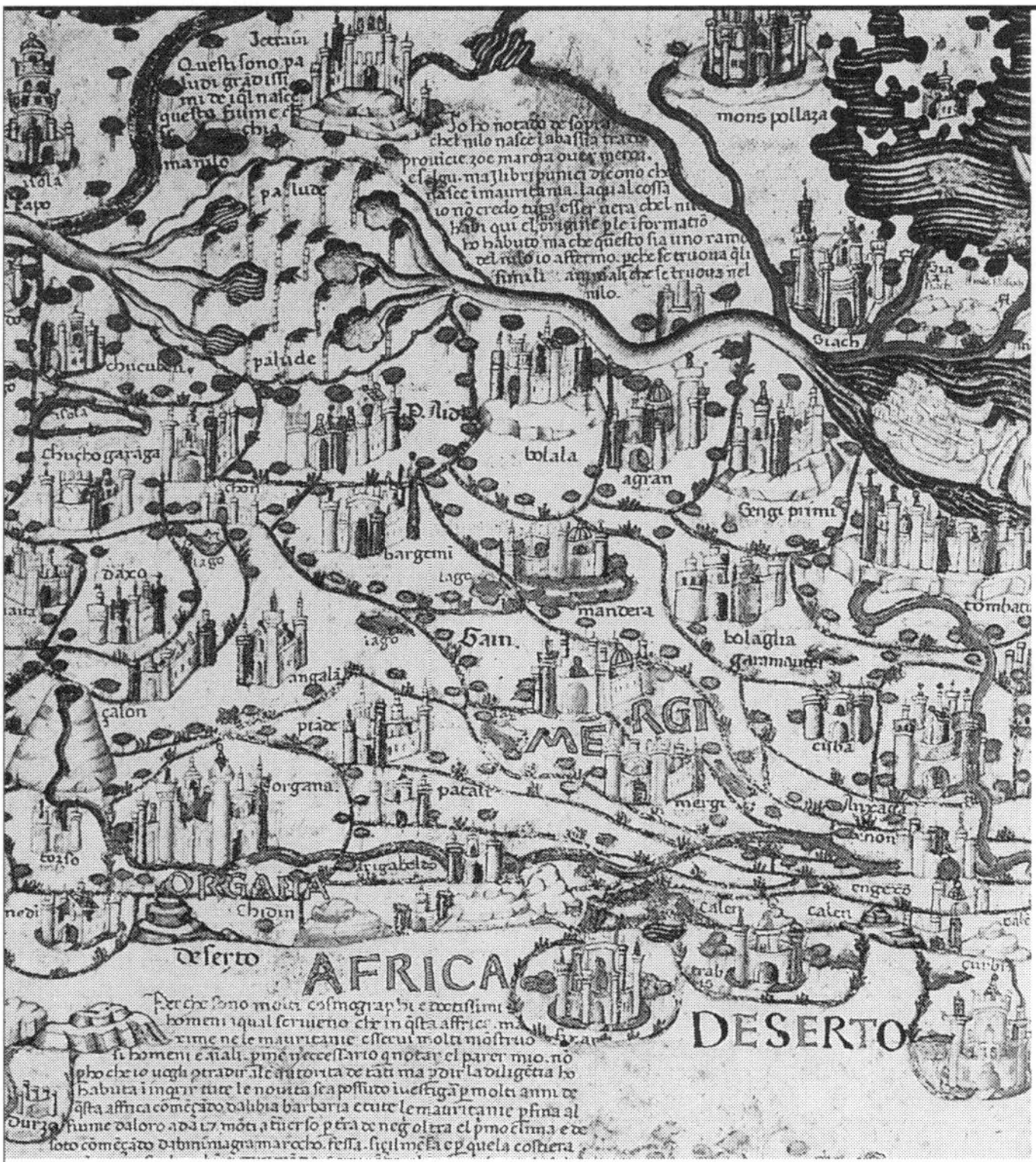

●——ポルトガルの航路進路

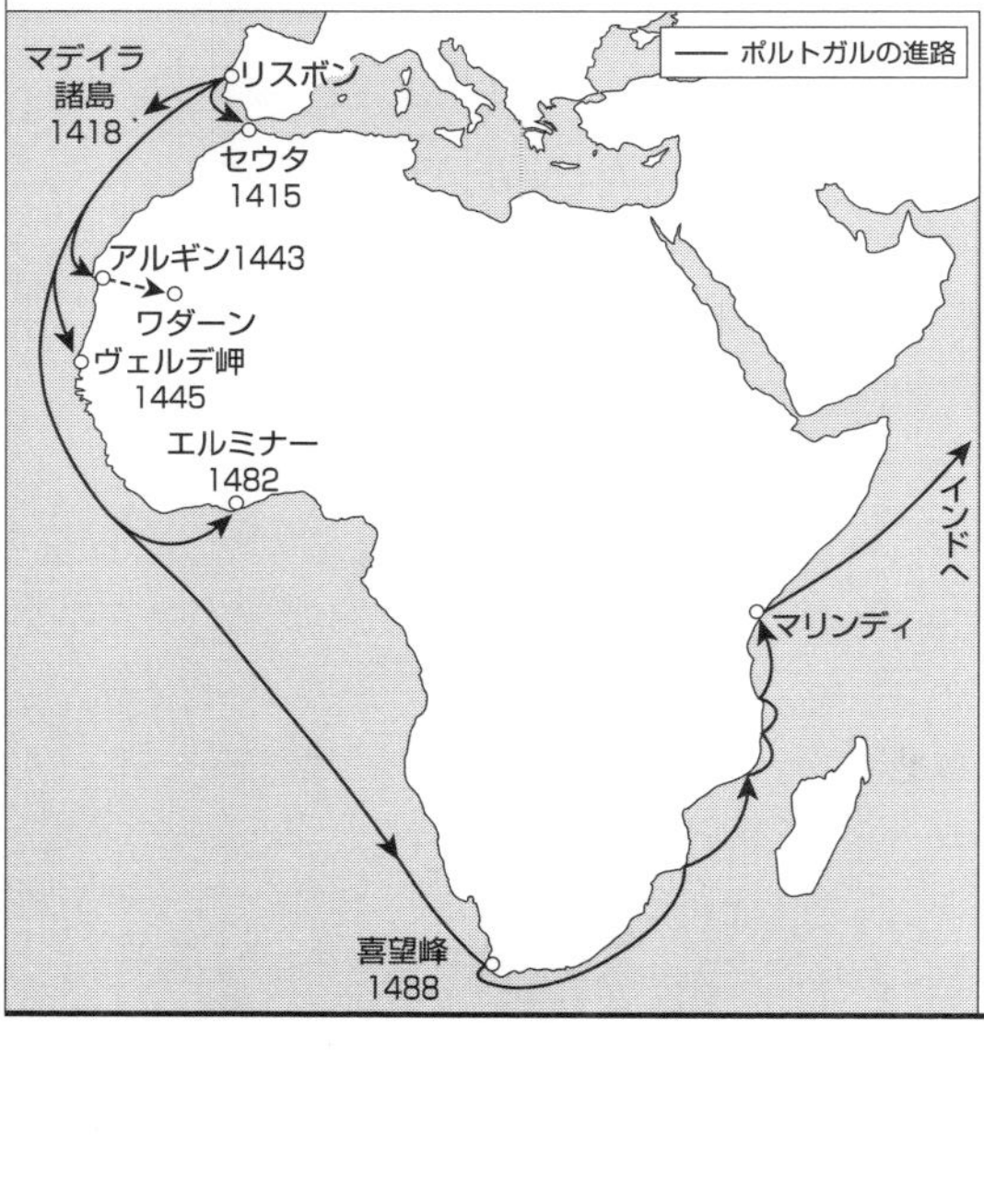

金と黒人奴隷の交易地になった。まもなく毎年、ここにカラベル船▲が寄港するようになり、七〇〇〜八〇〇人の黒人奴隷を運び出した。アルギンの人びとはポルトガル人から北アフリカ製の衣服、羊毛の毛布、エジプト製のシーツ、粗雑で安物の織物、毛布、赤や青の布地などを受け取り、ポルトガル人は黒人奴隷、金、ゴム、カモシカの皮、珍獣を入手した。

一四八七年ポルトガルのジョアン二世▲はアルギンから内陸にはいった拠点ワダーン(現在はモーリタニア領)に在外商館を開いて、サハラの金交易を支配しようとしたが、結局サハラの金交易ルートを大西洋に向けることはできなかった。十六世紀初めころポルトガルにもたらされた金は年に二〇キログラム程度でしかなかった。

しかしポルトガルの進出はいくつかの点でサハラ交易を根本的に変えた。第一に、交易相手(多くは土地の指導者)に使者を送って必要なものを伝え、それを用意させるという新しい交易方法(一種の注文交易)を用いたことである。この方法はやがてもっとも利益のあがる奴隷交易を促進させることになる。第二に交易品は塩のかわりに、衣服、織物、馬、銀が用いられた。ポルトガル商人

▼**カラベル船**　十四〜十七世紀にかけて使われた帆船。二本ないし三本のマストをもち、三角帆と四角帆がつけられた。エンリケ航海王子、バルトロメウ・ディアス、ヴァスコ・ダ・ガマ、コロンブスなどの航海に使われた。

▼**ジョアン二世**(一四五五〜九五)　ポルトガルの王で絶対主義の基礎をかため、王国の最盛期を現出させた。エンリケ航海王子の事業を継承した。彼の命を受けたバルトロメウ・ディアスは喜望峰を発見した。

たちは北アフリカで黒人たちの好みにあった衣服を購入し、それを西アフリカに運んで再販売した。さらに人気のあったハンベル▲という羊毛の織物は輸出に便利なように縫製所を地中海からモロッコの大西洋岸（サフィーやアザンムール）に移させた。西アフリカの黒人たちの服装に大きな変化（北アフリカの服の影響）が起こったのはこのときからである。第三に輸送手段の変化で、ラクダにかえてカラベル船が用いられた。第四に交易路が、危険でしかも時期のかぎられた陸路から、費用が少なく比較的安全な海路にかえられた。

イスラーム社会と黒人奴隷交易

ポルトガル人の興味はまもなく金から、プランテーションに必要な労働力へと移った。砂糖プランテーションは十五世紀前半にマデイラ島で始められ、さらに新大陸へと移り大発展する。そのために大量の黒人奴隷が狩り出され、アフリカ社会を解体することになる。

ポルトガルがサハラに進出するはるか以前から、多数の黒人奴隷がアラブ・イスラーム世界に売られていった。しかし、それがアフリカ社会を破壊するこ

▼**ハンベル**　赤、緑、青、白などの色で縁取りされた布地で、もともとは地中海沿岸のチュニス、ボーヌ、テネス、オランなどの諸都市で生産されていた。

イエメンのザビードの奴隷市　黒人奴隷の値段交渉がおこなわれているようすを伝えるミニアチュール。

▼イブン・アブドゥルハカム（八〇三〜八七一）　アラブによる北アフリカとスペインの征服史である『エジプト征服史』を執筆した。

とはなかった。ポルトガルはこれまでの黒人奴隷交易のあり方を質的に変化させたのである。ではなにが変わったのか。イスラームによる黒人奴隷交易の検討から始めよう。

アラビア語史料によるかぎり、黒人奴隷の最初の供給地となったのは、リビアのフェッザーンとチャド湖のあいだの地であった。九世紀末に書かれた地理書の著者ヤークービーは、「ザウィーラという町の住民は、近くの部族民たちをとらえ、黒人奴隷として輸出している」と述べたあとに「私〔ヤークービー〕は、スーダンの王たちが、理由もなく、戦闘〔で捕虜としたわけで〕もないのに、黒人たちを売っている、ということを聞いた」と伝えている。ヤークービーは、カイロにいてこの情報をえたのであるが、こうした奴隷の輸出に不合理さを感じているのだろう。

ヤークービーより少し前、九世紀半ばの年代記作者イブン・アブドゥルハカム▲も、ザウィーラ地方にまで遠征したウクバ▲が土地の王に三六〇人の黒人奴隷を貢物として課したと述べている。九世紀チュニジアのアグラブ朝下で支配者（アミール）の護衛として重要な役割をはたす黒人奴隷もこの地方からもたらされたものであろう。このザウィーラ地方からアラブ諸国への奴隷供給は、その後も続き、十世紀の史料(イスタフリー)にも言及がある。

十一世紀になると、西アフリカ(ガーナ地方)の黒人も奴隷として供給されるようになった。十一世紀末のムラービト朝スルタン、ユースフ・ブン・ターシュフィーン▲はたくさんの黒人奴隷を購入し、それをアンダルスに送った。ユースフによる黒人奴隷の購入はその後も続き、彼が所有する黒人奴隷の数は二〇〇〇人に達した(『フラル・マウシーヤ』)。十二世紀になると、ターフィーラールトやシジルマーサには黒人奴隷や金や象牙を運ぶキャラバン隊の存在が確認でき(ズフリー)、さらにモロッコの商人たちがタクルール(セネガル川の中・下流の地域)にまででかけ、羊毛、銅、彩色ガラスを売り、金や黒人奴隷を買って帰ったと、史料(イドリーシー)は伝えている。

十四世紀以降も黒人奴隷がアラブ世界に供給されつづけた。イブン・バットゥータは一三五三年、タカッダーからモロッコへの帰途、大規模なキャラバン隊に加わったが、そのなかには六〇〇人の女奴隷が加わっていたことを証言している。一四一六年、タクルールからメッカ巡礼に向かう一団がカイロに到

▼**ウクバ**(?〜六八三) ウマイヤ朝の北アフリカ総督。北アフリカ征服の指揮者。六七〇年には軍営都市(ミスル)カイラワーンを建設した。六八三年、モロッコの大西洋岸まで軍を進めたが、帰途アルジェリアのビスクラ近郊で戦死。

▼**ユースフ・ブン・ターシュフィーン**(在位一〇六一〜一一〇六) ムラービト朝第四代スルタン。一〇七〇年ころ首都マラケシュを建設して国家の基礎を確立。八六年から三度にわたってアンダルス(スペイン)に遠征して、これを征服・支配し、王朝に最盛期をもたらした。

着したが、そのキャラバン隊は一七〇〇人の男女の奴隷と大量の金をたずさえていた(マクリージー)。ウマリーは、十四世紀モロッコのスルタンが多数の黒人奴隷を所有しているようすを、「スルタンは、夜明けの祈りが終わると、黒人奴隷たちに囲まれた。その光景はまるで光の輪のようであった」と述べている。ハフス朝下のチュニジアにも、スーダンから黒人奴隷を供給するキャラバン隊が定期的にやってきた。

アラブ・イスラーム世界の黒人奴隷の役割

九世紀のイラクで起こった「ザンジュの乱▲」には多数の黒人の農業奴隷も含まれていたが、このような例はまれで、サハラの北のアラブ世界では、黒人奴隷は傭兵、召使・育児・料理人などの家内奴隷、正式な婚姻関係のない妻(妾というような陰の存在ではない)などとして用いられていた。学者でもあったイブン・バットゥータが「タカッダーで教育のある黒人奴隷女を買いたくなったが、見つからなかったので、カーディー(裁判官▲)のアブー・イブラーヒームに紹介してもらい、奴隷女を二五ミスカールで買った」と述べているのは、正式

▼ザンジュの乱　八六九～八八三年にイラク南部で起きたアッバース朝政権にたいする反乱。反乱軍のなかには都市下層民にまじって多数の黒人(ザンジュ)奴隷が加わっていたので、このように呼ばれる。黒人奴隷は灌漑、地表の塩の除去などの作業に従事していた。

▼カーディー　イスラーム裁判官のこと。イスラーム王朝は首都のカーディーを大カーディーとし、ふつうのカーディーより高い権威を与えたが、現代のような上訴制度は存在しなかったので、大カーディーが高等裁判所の裁判官を意味したわけではない。

▼ウマイヤ朝(六六一～七五〇年)　ウマイヤ家によってシリアのダマス

な婚姻関係のない妻という地位が決して社会的に低いものではないことを物語っている。

すでにウマイヤ朝▲やアッバース朝▲の時代にも黒人の軍人がいたが、エジプトのトゥールーン朝下で、大量の黒人奴隷兵▲が採用され、その数は四万五〇〇〇人に達し、ほかの兵の数を圧倒的に上回っていたとされる。続くファーティマ朝はさらに積極的に黒人奴隷兵を採用したが、アイユーブ朝のサラディン以後、エジプトでは黒人奴隷兵は排除され、ごく限定された役割しかはたさなくなった。マグリブ地方でもムワッヒド朝やシチリアのノルマン朝（キリスト教国）が黒人奴隷軍団を組織していたが、続く諸王朝では大規模な黒人奴隷の採用はなかった。ところがアラウィー朝期のスルタン、イスマーイールは黒人奴隷兵を大量に採用し、十八世紀初めにその数は一五万人にも達した。彼らはブハーリー軍団▲と呼ばれ、王の親衛隊として重用された。

馬との交換品・贈答品としての黒人奴隷

黒人奴隷交易の一つの特徴は、奴隷の価格が馬と比較され、実際に馬と交換

クスに建国されたアラブ王朝。アッバース朝に倒された。

▼**アッバース朝**（七五〇〜一二五八年）　アッバース家によりイラクのバグダードに建国されたアラブ王朝。イスラーム文明が栄えた。

▼**傭兵としての黒人奴隷**　ファーティマ朝にはたくさんの黒人奴隷兵が雇われていた。彼らは、家族を形成することが許されていた。一一六九年アイユーブ朝創始者サラディンがファーティマ朝最後のカリフ、アーディドと戦ったとき、カリフ側の親衛隊は五〇〇〇人の黒人兵士たちであった。

▼**ブハーリー軍団**　黒人少年を購入し、十歳ころから駄獣の扱い方、建築工事などを教え、十四〜十五歳ころに乗馬や水泳などの軍事訓練を始めた。十八歳になると軍籍に登録された。オスマン朝のイェニチェリ制から着想をえたといわれる。ハディース学者ブハーリー（八七〇年没）の『ハディース集』の上に手をおいてスルタンに忠誠を誓ったことから、こう呼ばれた。

されたことである。荷物の運搬にはひとこぶラクダが用いられたが、黒人たちは戦いでは馬を好んだ。馬は定期的にサハラの北から、南の黒人王国に輸出された。ウマリーやイブン・バットゥータはマリ帝国内の宮廷に馬がいることを述べている。馬が奴隷と交換される交易形態はポルトガルがアフリカの黒人奴隷狩りに進出するまで続いた。イブン・バットゥータはマリを出発するときに、馬はたいそう高価なので、ラクダに乗ることにしたと述べているように、奴隷よりも馬のほうが、はるかに高価であったことがわかる。史料では奴隷(人間)は、馬の八分の一から二〇分の一の価値しかないのである。ウマリーは、「マリ帝国ではアラブ馬を多額の費用でもって購入している。彼らの軍隊は一〇万人で、そのうち約一万が馬に乗る騎兵である」と述べている。数字には誇張があるかもしれないが、相当な数の馬が購入されていたと思われる。

黒人奴隷交易のもう一つの特徴は、ほかの珍品とともに重要な贈答品とされたことである。アラブの史料は、七世紀半ばに、アラブ・ムスリム軍に征服されたヌビア▲はムスリムとバクト(貢納協定)▲を結び、毎年三六〇人の奴隷を送ることになっていた、という。イブン・ハルドゥーンの『イバルの書』にも、ヌ

▼ヌビア　ナイル川第一瀑布より上流の、エジプト・スーダン国境にまたがる地域を指す。元来は黒人のキリスト教徒ヌビア人(ヌーバ)の居住地。アラブ・ムスリムの侵入は七世紀半ばから始まり、マムルーク朝の十四世紀初めまでにほぼ完全に征服され、イスラーム化し、言語のアラビア語化もしだいに進んだ。

▼バクト　双務的協定関係を意味するパクトゥム(ラテン語)のアラビア語表現で、アラブ人はとくにキリスト教徒ヌビア人との協定の意味で用いた。ヌビア人は主に奴隷を、アラブ人は小麦やほかの穀物を差し出すと決められていたが、実際は前者の後者への貢納協定であった。

▼バイバルス(在位一二六〇〜七七)　マムルーク朝第五代スルタン。国内統治体制を整備するとともに、モンゴルの侵入を防ぎ、十字軍との戦いを優勢に進めて、王朝繁栄の基礎を確立した。

ドラア川流域の緑と集落

奴隷と馬との交換比率

場所	奴隷	馬
ガオ	8〜9	1*
西アフリカ	9〜15	1**
ボルヌ	15〜20	1*

出典：*レオ・アフリカヌス　**カ・ダ・モスト(1455-57年、西アフリカ旅行)

ビア人が奴隷としてエジプトに供給されることを伝えている。実際には、スルタン、バイバルス▲の十三世紀後半にヌビアは完全に服従し、以後イスラーム化が進んだので、バクトはしだいに意味をなさなくなった。しかし十四世紀の地理学者ウマリーは「ヌビアの王は、マムルーク朝スルタンに贈物を送ったが、それは金や銀ではなく、たくさんの男女の黒人奴隷、槍、ヌビアの野生動物であった」と述べている。

贈答品として黒人奴隷を送る習慣は北アフリカのアラブ諸国では一般的になった。一〇三一／二年、カイラワーンの統治者ムイッズは、スーダンの王から、キリンやほかのめずらしい動物と一緒に、たくさんの黒人奴隷を贈物として受け取った(イブン・イザーリー)。十四世紀マリ王国のマンサー・ムーサー王も、トレムセンのイブン・シャイフという男の使者にたいし、七〇〇ミスカールの金貨、衣服、男女の黒人奴隷を贈った(イブン・バットゥータ)。モロッコのアトラス山脈の南、ドラア地方も奴隷の供給地として有名であった。ドラア川上流(テンスイタ地方)の支配者は、毎年フェスの王(マリーン朝)に、一〇人の宦官(かんがん)、一二頭の鞍付のラクダ、一頭のキリン、一〇羽のダチョウなどとともに、一〇〇人の黒人奴隷(男女五〇人ずつ)を贈物として送っていた(レオ・アフリカヌス)。チュニジアの南西のワルガラからは、十七世紀の後半にアルジェのパシャ(総督)に毎年、三〇人の黒人奴隷が貢物として送られていた。

新しい時代の意味

黒人たちにとって、十五〜十六世紀の新時代の到来はどんな意味があったのか。十五世紀にはトレムセンのアブド・アル・ワード朝が衰退し、交易路は略奪が横行して不安定になった。またサハラの南でもニジェール川地域にソンガイ帝国▲が強大な権力を確立した。ソンガイ帝国は塩の産地であるタガーザーを支配したので、北との交流で優位に立場を保つことができ、エジプトやチュニジアと定期的な交流関係を結んだ。タガーザーの塩床は十六世紀には枯渇してしまったが、新しい産地の開発をおこなった結果、トンブクトゥとタガーザーのあいだに位置するタウダニに豊富な塩床が発見され、ソンガイ帝国がここを支配した。

ソンガイ帝国にはチャド湖北方のカワール地方の塩床からも塩が運ばれた。

タウダニから採掘された塩板

▼ソンガイ帝国　十一世紀初めごろ建国され、ソンニ・アリの治世(一四六四〜九二年)に最盛期を迎えた。伝統的な宗教体系に依拠し、反イスラーム政策を執ったが、アスキヤ・ムハンマド王(在位一四九三〜一五二九)が親イスラーム政策にかえ、トンブクトゥを中心にイスラーム文化が栄えた。モロッコのサード朝の遠征軍により一五九一年滅亡。首都ガオの名をとってガオ帝国とも呼ばれる。

モーリタニアの大西洋に近いアルギンで開発された塩は、ポルトガルに輸出され、またトンブクトゥの金と交換された。アルギン東方の西アフリカのイジルでも塩は採掘されたが、かつてのタガーザーやアウリルのそれよりも小規模だった。最大の塩床を支配した黒人のソンガイ帝国は、サハラの北に拠点をおくベルベル系・アラブ系国家の塩を輸入する必要がなくなったのである。▲

黒人アフリカ社会にとって、十五世紀からのポルトガルの進出はまったく別の意味でも新時代の幕開けとなった。これまではサハラの南北交流は両者の均衡、不均衡という相対的な関係として議論できた。しかしポルトガルはこの関係を完全に否定した。このことは、質と量の両面において奴隷交易が根本的に変化したことを意味している。

奴隷交易の量は、ポルトガルを先頭に始まるヨーロッパ諸国とイスラーム世界とのあいだでは比較にならないほどの違いがあった。サハラの南から北に運ばれた黒人奴隷の数は、一一〇〇年〜一四〇〇年のあいだでおよそ一六五万人と推定されている。これにたいし、十六世紀〜十九世紀までにアフリカからアメリカ大陸に輸出された黒人奴隷の数は、一五〇〇万人〜二〇〇〇万人と推定

▼サハラの塩金交易の転機　このことはサハラの南北間の塩金交易にとって大きな転機であったといえる。時代的にも、ポルトガルが金の獲得よりも黒人奴隷をアメリカに運ぶことにより強い興味をもったことが塩金交易の相対的重要性(関心)を失わせることになったからである。

トンブクトゥの市場（二十世紀前半）

されている。ヨーロッパ諸国による黒人奴隷交易はまさしくアフリカ社会から根こそぎ人的資源を奪ったのである。

量の違いは質の違いにも密接にかかわっていた。ポルトガル人たちは、自ら奴隷狩りに関与はせず、黒人の地方君主に黒人奴隷を集めさせ、彼らと馬を交換した。この方法はほかのヨーロッパ人も踏襲した。黒人の君主たちは王位・王権の維持のために馬を必要としたので、奴隷の捕獲と販売に熱心にかかわった。イスラーム世界に売られた奴隷も力によって捕獲された者や戦争捕虜が多かったにせよ、黒人の解放奴隷ビラールの名声やマムルーク朝期の史料から考えて、なかには自ら奴隷として売られることを欲する者もいたであろう。マクリージーによれば、モンゴル人は自分の子どもや近親者がエジプト(イスラーム王朝)で幸福になることを願って、彼らを積極的に奴隷商人に売り渡したという。イスラーム世界の奴隷は家族をもつことを許され、しばしば解放され、ときには高位につくこともあるという「人間」的扱いを受けたからである。奴隷交易の数も捕獲の方法も社会を破壊するほどではなかった。しかしポルトガル(続いてスペイン、イギリス、フランスなど)の奴隷交易では、黒人が黒人を無

▼アフリカ社会の人的資源の破壊　アメリカ大陸への黒人奴隷の輸出にかんして忘れてならないことは、輸出された数よりもはるかに多くの黒人が奴隷狩りや侵略戦争で、あるいは運ばれる途中の船内で死亡していることである。

▼ビラール(?〜六三八)　黒人の解放奴隷の出身で、預言者ムハンマドによってイスラーム史上最初のムアッズィン(礼拝への呼びかけをする人)に任命された。このことは、イスラーム社会における黒人および奴隷の扱いを考えるうえで重要な意味をもっている。

差別に、極めて大規模に襲撃、捕獲し、販売したのである。仲間を片っぱしから奴隷として売りわたしたという事実は、今日にいたるまで黒人たちの心理や歴史に微妙な影を落としている。

現代への「問いかけ」

九世紀ころから、たくさんの黒人が奴隷としてアラビア半島、イラク、エジプト、マグリブ、アンダルスの地へ運ばれ、売られていくようになった。それとともにアラビア語史料に黒人についての言及▲がふえ始めた。意識的であったか、無意識的であったかは判断が難しいが、そうした史料には信じがたいほどの偏見と差別(現代的視点からみた場合であるが)がはっきりと表現されている。その原点を探っていくと、マスウーディー(九五六年没)の史料『黄金の牧場』にいきあたる。彼はギリシアの医者、ガレーノス▲の言葉を引用しつつ、つぎのように述べる。

ガレーノスによれば、黒人たちには一〇の特性がある。すなわち縮れ毛、薄い眉毛、大きな鼻腔、厚い唇、突き出した歯、強い体臭、黒い目、しわ

▼黒人についての言及　アラビア語史料で黒人を指す言葉として、ハバシュ(エチオピアとその周辺の民)、スーダーン(一般的な黒人)、ヌーバ(エジプトとスーダーンにまたがるヌビア地方の民)、ブッジャ(ナイル川と紅海のあいだに住む遊牧民)、ザンジュ(東アフリカのバントゥー系黒人または一般的な黒人)などが用いられた。

▼ガレーノス(一二九頃〜二〇〇頃)ギリシアの医学者・哲学者。理論の土台はヒポクラテスの体液説によっていた。解剖の必要性や猿を使っての実験生理学の考え方はルネサンスまで大きな影響を残した。ガレーノスの黒人についての言葉はディマシュキー(一二五六〜一三二七)の地理書にも引用されている。

の多い手足、長い陰茎、大いなる陽気さである。最後の点について彼は、黒人たちは知能が足りず、知性が弱いがゆえに、陽気さが彼らを支配しているのである、と説明している。

こうした描写は、表現の違いはありつつも、以後多くのアラブの学者たちによって繰り返しなされる。たいていのムスリム地理学者は黒人の裸での生活、異教信仰、カニバリズム（人肉を食べる習慣）などに言及している。マクディシー（九六六年頃没）は「黒人たち〔ブッジャの土地の先に住む人びと〕には結婚の習慣がないので、子どもたちは自分の父親を知らない。彼らは人を食べている。ザンジュは色が黒く、鼻がぺちゃんこで、縮れ毛で、理解力や知性をほとんど持ち合わせていない」と述べる。九八二年ころに執筆された無名のペルシア人の著者による地理書『世界の国境』はつぎのようにいう。「ザンジュの性格は野生動物そのものである。彼らの肌は真黒である。ザンジュに似たザバジュのほうが少し人間に近い」。

黒人にたいする否定的認識は中世の偉大な地理学者に伝えられ、バクリーにしてもイドリーシーにしても黒人たちの知識のなさや精神的劣等性をはっきりと語る。十三世紀イランの十二イマーム派法学者トゥーシー▲は、ザンジュが動物と違うのはただ彼らが両手を地面から離している点だけである、と述べたあとで「多くの人びとが、黒人よりも猿のほうが学習能力に優れ、知性的である、とみている」と断言する。

　黒人アフリカの地を実際に訪れた旅行家イブン・バットゥータは「私は、黒人たちの教養のなさや白人にたいする無礼な態度を見て、つくづくこんなところにまできたことを後悔した」と嘆息している。彼とほぼ同時代の大学者イブン・ハルドゥーンでさえ、「黒人は本質的に人間的資質に乏しく、ものいわぬ動物に極めて近い。彼らは……一般に軽率で、非常に情緒的であり、メロディーを聞くとすぐに踊りたがる」と評しているのである。こうしたムスリムの黒人アフリカのイメージは、本書の冒頭で述べた啓蒙時代のジェームズ・フートソンの言葉「黒人の習慣は同じこの地で仲よく暮している生き物にそっくりである。つまり猿だ」とほぼ一致する。

　イスラームがアフリカの黒人たちのなかに浸透し、イスラーム国家が各地に建設されるようになると、しだいに黒人アフリカについての異常な記述は減っ

▼**トゥーシー**（一二〇一〜七四）　初期十二イマーム派の法学者。イランに生まれたが、バグダードで活躍した。『タサッウラート（概念）』ほか、多数の著作がある。

ていくが、誤解と偏見の認識は根強く残った。例えば十六世紀のレオ・アフリカヌス(三四頁参照)の見聞もそれまでのアラブ人の史料とほとんど同じである。すなわち、「黒人たちは理性も、知性も、経験知も欠く野蛮人である。彼らの生活は、法や規則を知らないまるで動物のようである」と述べ、彼らの「悪徳」をさまざまな事例をあげて記述しているのである。彼の記述がより問題なのは、一五五〇年ヴェネツィアで出版(イタリア語)されたのに続き、五六年にフランス語とラテン語に、一六〇〇年に英語に翻訳、出版され、十六世紀末までにほぼヨーロッパ全域で読まれるようになったことである。

近代以降のヨーロッパ社会に形成されるアフリカと「黒人」にたいする歪んだ認識の「ひとつの」ルーツは、こうしたアラブ人が伝えた情報であることはまちがいない。史料をたどっていくと、ギリシア古典の思想がイスラームに伝えられ、それがイスラームによって成長・発展し、ヨーロッパの啓蒙思想に取り込まれていったという経路が描かれる。根は深いのである。

私たちのアフリカと「黒人」にたいする認識がこの根と無関係とはいえまい。その意味でサハラの南北交流の歴史は現代への「問いかけ」でもある。

参考文献

アミン・マアルーフ（服部伸六訳）『レオ・アフリカヌスの生涯——地中海世界の偉大な旅人』リブロポート　一九八九年

飯山陽「中世マグリブ社会の反ユダヤ暴動とファトワーに関する一考察」『イスラム世界』（日本イスラム協会）五六号（二〇〇一年）一〜一七頁

井沢実「大航海時代の先駆者ポルトガル」『西アフリカ航海の記録』（大航海時代叢書2）岩波書店　一九六七年

イブン・バットゥータ（前嶋信次訳）『三大陸周遊記』河出書房新社　一九七七年

イブン・バットゥータ（家島彦一訳）『大旅行記8』平凡社　二〇〇二年

宇佐美久美子『アフリカ史の意味』（世界史リブレット14）山川出版社　一九九六年

大塚和夫他編『岩波イスラーム辞典』岩波書店　二〇〇二年

カダモスト（河島英昭訳）「航海の記録」『西アフリカ航海の記録』（大航海時代叢書2）岩波書店　一九六七年

川田順造『マグレブ紀行』（中公新書）中央公論社　一九七一年

私市正年「トレムセンにおける三つの名門ウラマー家——マッカリー家、マルズーク家、ウクバーニー家」『内陸アジア・西アジアの社会と文化』山川出版社　一九八三年　五七五〜五九九頁

私市正年『イスラム聖者——奇跡・予言・癒しの世界』（講談社現代新書）講談社　一九九六年

金七紀男「中世末におけるスーダンの金とポルトガル」『東京外国語大学論集』三一号（一九八一年）二九九〜三一五頁

坂井信三『イスラームと商業の歴史人類学』世界思想社　二〇〇三年

佐藤次高『マムルーク』東京大学出版会　一九九一年

佐藤次高編『都市の文明イスラーム』（講談社現代新書）講談社　一九九三年

佐藤次高編『西アジア史Ⅰ』（新版世界各国史８）山川出版社　二〇〇二年

J・シュレ＝カナール（野沢協訳）『黒アフリカ史』理論社　一九六四年

立石博高編『スペイン・ポルトガル史』（新版世界各国史16）山川出版社　二〇〇〇年

B・デビッドソン（貫名美隆・宮本正興訳）『アフリカ文明史』理論社　一九七五年

日本イスラム協会監修『新イスラム事典』平凡社　二〇〇二年

福井勝義他編『アフリカの民族と社会』（世界の歴史24）中央公論社　一九九九年

藤井真理『フランス・インド会社と黒人奴隷貿易』九州大学出版会　二〇〇一年

宮本正興・松田素二編『新書アフリカ史』（講談社現代新書）講談社　一九九七年

Crone, G.R., (tr. & ed.), *The Voyages of Cadamosto,* London, The Hakluyt Society, 1937.

Devisse, J., 'Routes de commerces et échanges en Afrique occidentale en relation avec la Méditerranée. Un essai sur le commerce africain médiéval du XI au XVI siècle', *Revue d'histoire économique et socilale, vol. L,1* 1972 pp.42–73, *Vol.L,3* 1972 pp.357–397.

Trimingham, J. Spencer, *A History of Islam in West Africa,* Oxford & New York, Oxford University Press, 1962.

図版出典一覧

Al-'Arabi al-Sigilli(ed.), *Mudhakkirāt min al-Turāth al-Maghribī, vol.2.,* Rabat, Nord Organisation, 1985. *21, 26, 32*

Al-'Arabi al-Sigilli(ed.), *Mudhakkirāt min al-Turāth al-Maghribī, vol.3.,* Rabat, Nord Organisation, 1985. *24*

Davidson, Basil, *The Growth of African Civilisation: A History of West Africa, 1000–1800,* London, Longmans, 1965. *67*

Fall, Abdallahi et al., *Sur la route des caravanes,* Nouakchott, Editions Sépia, 2002. *41*

Fechner, Elisabeth, *Oran et l'Oranie,* Paris, Calmann-Lévy, 2002. *25*

Joseph Brunet-Jailly, *Djenné: d'hier à demain,* Bamako, Editions Donniya, 1999. *61*

La Roncière, Ch. de, *La découverte de l'Afrique au Moyen âge,* Cairo, Société Royale de Géographie d'Egypte, 1925–27. *60*

Lewis, Bernard(ed.), *The World of Islam: Faith, People, Culture,* London, Thames and Hudson, 1992. *76,* 扉

Maoudoud, Khaled, *Kairouan: histoire de la ville et ses monuments,* Tunis, Agence Nationale du Patrimoine, 1991. *12*上, *12*下

Muhammad ibn 'Azūz, *Sabta wa Malīliya fī 'Ahd al-Ḥimāya,* Rabat, al-Hilāl al-'Arabīya, 1988. *48*

Novaresio, Paolo and Gianni Guadalupi, *The Sahara Desert: From the Pyramids of Egypt to the Mountains of Morocco,* Cairo, The American University in Cairo Press, N.D. *6, 9, 15*中, *73*上, *74, 82,* カバー裏

Priez, Marie-Aude and Thomas Renaut, *Tombouctou,* Paris, Asa éditions, 1999. *62, 83*

http://visitalia.it/ *71*

http://www.ancientcreations.com/ *68*右, *68*左

http://www.mauritania.it/ *15*下

ユニフォト・プレス カバー表

著者撮影 *4, 5, 28, 29, 30, 39, 46, 49, 65, 81*

世界史リブレット60

サハラが結ぶ南北交流

2004年 6 月25日　1 版 1 刷発行
2022年 7 月31日　1 版 4 刷発行

著者：私市正年

発行者：野澤武史

装幀者：菊地信義

発行所：株式会社 山川出版社

〒101-0047　東京都千代田区内神田 1 -13-13
電話　03-3293-8131(営業)　8134(編集)
https://www.yamakawa.co.jp/
振替 00120-9-43993

印刷所：明和印刷株式会社

製本所：株式会社 ブロケード

ISBN978-4-634-34600-0

世界史リブレット　第Ⅰ期［全56巻］

〈すべて既刊〉

世界史リブレット　第Ⅱ期［全36巻］

〈すべて既刊〉